冯承钧西北史地著译集

大月氏都城考

【法】沙畹 等著
冯承钧 译

图书在版编目（CIP）数据

大月氏都城考/（法）沙畹等著；冯承钧译.—北京：中国国际广播出版社，2013.5（2023.4重印）
（西北史地丛书）
ISBN 978-7-5078-3603-5

Ⅰ.①大… Ⅱ.①沙…②冯… Ⅲ.①古代民族－民族历史－研究－西北地区－汉代 Ⅳ.①K289

中国版本图书馆CIP数据核字（2013）第039741号

大月氏都城考

著　者	［法］沙畹　等
译　者	冯承钧
责任编辑	聂福荣
版式设计	国广设计室
责任校对	徐秀英
出版发行	中国国际广播出版社有限公司　［010-89508207（传真）］
社　址	北京市丰台区榴乡路88号石榴中心2号楼1701 邮编：100079
印　刷	天津丰富彩艺印刷有限公司
开　本	710×1000　1/16
字　数	200千字
印　张	10.25
版　次	2013年5月　北京第一版
印　次	2023年4月　第二次印刷
定　价	39.80元

版权所有　盗版必究

出版说明

冯承钧先生（1887—1946），字子衡，湖北汉口人，是活跃于民国时期的著名历史学家、中外交通史家。冯氏早年曾留学比利时，后入法国巴黎大学，主修法律。1911年获索邦大学法学士学位，续入法兰西学院，师从著名汉学家伯希和。冯氏归国后，曾任教于北京大学、北京师范大学等高等学府。冯氏通晓多种语言，如法文、英文、比利时文、梵文、蒙古文、阿拉伯文、波斯文、古回鹘语和吐火罗文等，并精通中国古籍，为其在历史学、历史地理学、历史语言学和考古学等方面的研究奠定了深厚基础。

20世纪上半叶，冯氏陆续翻译了近代法国汉学家的众多名作，如沙畹《大月氏都城考》、《〈魏略·西戎传〉笺注》，烈维《西突厥史料》，伯希和《中亚史地丛考》、《支那名称之起源》，布哇《帖木儿帝国》，费赖之《入华耶稣会士列传》……内容涉及了民族、语言、历史、地理、宗教、文化、艺术等多个方面。这些文章中，不仅利用了我国大量的史籍文献，还包括了不少外国文献资料和一些西方学者的相关研究成果，至今仍具有重要的学术参考价值。

冯氏涉猎广泛，在中国边疆史、中西交通史及元史研究方面都具有很高的造诣，著有《中国南洋交通史》、《成吉思汗传》、《唐代华化蕃胡考》、《再说龟兹白姓》等。

如今，冯先生已故去多年，其诸多译作及著述在市场上已不多见，但他在中外交通史上的贡献却不可磨灭。为了繁荣中华文化及满足学术研究的需要，我社推出了这套《冯承钧西北史地著译集》（5卷）。编辑过程中，我们以上世纪中叶之商务印书馆及中华书局的版本为基础，选取冯先生著作中涉及西北历史地理的若干篇，其中包括了《大月氏都城考》、《摩尼教流行中国考》、《四天子说》、《帖木儿帝国》等诸多名篇，并因时代及地域顺序作了重新调整，以期满足读者的需求。

另外，由于原作翻译年代较早，很多专用词译法与当代有别，为尊重原作者首译之功，均未作改动。

特此说明。

目　录

大月氏都城考 / 1

罽宾考 / 5

犁靬为埃及亚历山大城说 / 8

叶调斯调私诃条黎轩大秦 / 10

《魏略·西戎传》笺注 / 13

《魏略·西戎传》中之"贤督"同"汜复" / 29

高昌和州火州哈喇和卓考 / 34

《沙州都督府图经》及蒲昌海之康居聚落 / 39

中亚史地丛考 / 43

库　蛮 / 71

乾隆西域武功图考证 / 98

大月氏都城考

《通报》1907年

沙畹 撰

大月氏之都城原为大夏之都城。中国史书所志之名不同。《史记》卷一二三曰大夏都曰蓝市城。《前汉书》卷九十六曰大月氏国治监氏城。《后汉书》卷九十八作蓝氏城。《唐书》卷二二一下亦作蓝氏城。《北史》卷九十七曰大月氏国都縢监氏城，在弗敌沙西，数为蠕蠕所侵，遂西徙都薄罗城，去弗敌沙二千一百里。《魏书》卷一〇二作虑监氏城。《周书》卷五十曰嚈哒国大月氏之种类也，都拔底延城。

考《宋云行记》，云西行出钵和国（Wakhân）谒嚈哒（Hephthalites）王。当时之嚈哒，应为今之巴达克山（Badakshân）城，在今Faizâhâd之东。拔底延盖为巴达克山之古译也。

《北史》之弗敌沙，应亦为巴达克山同名之古译。

此外大月氏都城诸名，应以蓝氏为是。应亦在巴达克山地域之中寻之。盖因其地在弗敌沙附近也。马迦特（Marquart）曰：蓝氏为大夏之都城，大夏即为吐火罗种（Tokhares）。顾巴达克山又为吐火罗之前部，吐火罗之都城，自应在其地。

此种考定，洵为正确，则吐火罗地域（Tokharestan）之历史，不难明了矣。当纪元前128年，张骞至大月氏时，大月氏已居妫水

1

(Oxus)之北，臣服妫水南之大夏（Tokhares）。时大夏都城为蓝市城，在巴达克山之中也。张骞还汉后，大月氏逾妫水取蓝市为其都城。自是以后，大月氏即为吐火罗（Tokhares），亦即梵文之Tukharas也。其领地东至钵和，西至健驮罗（Gandhâra）一带。其属国有五，五国君长皆有突厥Jabgous官号（按即汉之翖侯，唐之叶护）。至纪元25年至92年之间，贵霜翖侯，质言之，健驮罗之翖侯丘就却（Kozoulokdphisês），攻灭四翖侯，自立为王，国号贵霜。其原有之国都为Purusapura〔译者按即《西域记》之布路沙布逻，今之白沙威（Peshawar）〕，至是固尚为要城，但似以古都之巴达克山城为国都。至纪元5世纪时，始因蠕蠕之侵，西徙距旧都二千一百里之薄罗。古之薄罗得为今之波尔克（Balkh）也。约当纪元450年时，其王寄多罗（Kidara），即自此城兴师越大山Hindoukouch南侵北天竺。自乾陀罗（按即健驮罗）以北五国，尽役属之。此时为蠕蠕征服之吐火罗故地（Tokharestan），又为大月氏别种滑国所居。至5世纪末年，其种以嚈哒著名。嚈哒者，即其国王之名也。其王战胜波斯王卑路支（Pîroûs），脱蠕蠕之羁束而独立；并征服健驮罗国，以一有特勤（tegin）官号之亲王一人镇抚其地。其都城仍为吐火罗之古都拔底延，今之巴达克山城也。嗣后西突厥征服吐火罗故地之时，亦以大官一人镇其地。当630年玄奘西行之际，缚刍河（Oxus即妫水）南之活国（今Koundous），即为可汗长子所治之国。至661年，中国破灭西突厥之后，遂仍其旧制，设吐火罗道，置十六都督府以统之。其地仍以吐火罗为名。可见昔日此地在缚刍河新头河（Indus）间之影响也。晚至大食国（Arabes）破灭波斯之萨山（Sassanide）帝国之后，其力能与大食抗者，唯吐火罗。故718年时吐火罗之叶护，自称二百十二国府州之主君，可见其势尚盛也。

右述吐火罗故地八百年之沿革，可以参证吾人巴达克山城即大夏、大月氏都城之说。缘当时此二国在吐火罗之地位，与后日嚈哒、西突厥所占之地位相等也。

其唯一可驳之点，则在《北史》所志弗敌沙之方位。若据《北史》所志，弗敌沙应在健驮罗之西，不能考定为今之巴达克山城。殊不知弗敌沙确为巴达克山之古译，此巴达克山原为城名，后乃以名大雪山（Hindou-kouch）南之国。或者此国王系出巴达克山，故以城名为国号欤？巴达克山城与巴达克山国方位不同也。若以古之大夏、大月氏之都城，位置于大雪山南之巴达克山，则去弗敌沙二千一百里之薄罗城，不远在里海沿岸欤？此意马迦特已先我言之矣。设以弗敌沙为在 Faizabad 附近之巴达克山城，以薄罗为波尔克，吾未见其有若何不符之点也。

至若当时五翖侯之名称方位，据《前汉书》所志如下：

（一）休密，治和墨城，去都护（今之库车）二八四一里，去阳关七八〇二里。

（二）双靡，治双靡城，去都护三七四一里，去阳关七七八二里。

（三）贵霜，治护澡城，去都护五九四〇里，去阳关七九八二里。

（四）肸顿，治薄茅城，去都护五九六二里，去阳关八二〇二里。

（五）高附（《后汉书》作都密），治高附城，去都护六〇四一里，去阳关九二八三里。

又据《北史》所志 7 世纪初年之五国，又略有不同：

（一）伽倍国，故休密翖侯，都和墨城，在莎车西，去代（今大同）一三〇〇〇里。

（二）折薛莫孙国，故双靡翎侯，都双靡城，在伽倍西，去代一三五〇〇里。

（三）钳敦国，故贵霜翎侯，都护澡城，在折薛莫孙西，去代一三五六〇里。

（四）弗敌沙国，故肹顿翎侯，都薄茆（《魏书》作茅），在钳敦西，去代一三六六〇里。

（五）阎浮谒国，故高附翎侯，都高附城，在弗敌沙南，去代一三七六〇里。

马迦特考定此五国之方位如下：

（一）休密即唐之护密，今之 Wakhân。

（二）双靡即《宋云行记》之赊弥，《玄奘西域记》之商弥，今之 Tchitral。

（三）贵霜在健驮罗北境，但据弗郎克云即健驮罗国。

（四）肹顿应位置于喀布尔河（Kaboul rond）支流，Pandjshir 河流之 Parwân 地方。

（五）都密即在喀布尔（Kaboul）附近，但与喀布尔有别也。

罽 宾 考

《亚洲报》1895年九十月刊

烈维、沙畹 撰

中国史乘记载罽宾之事固多，但罽宾之方位，今尚有考据之必要也。案罽宾自汉武帝时（纪元前140至前87年）始通中国。终汉之世，时绝时通。塞种（çaka）所居之国也，西北与大月氏，西南与乌弋山离接。《前汉书》所志，大略如此，然其方位尚不明也。有人即以其为希腊人所称之 Kôphên，地在今之 Kabul 流域。顾 Kôphên，即《吠陀经》之 Kuphâ，希腊学者 Ptolémée 之《地理》原无是名。考 Kabulistan 之主要河流，名 Koas，即今之 Kabul-rud 河；即为《吠陀经》Kabhâ 之变称。即或月氏之时其名如是，然与罽宾吾未见其有何关系也。

中国史书以罽宾即今之克什米尔（Kâçmìra）。此译音或近是。盖迦腻色迦（Kaniska）一名，《悟空行记》有译为罽腻吒者，首一音相合也。后一音之宾，为印度文 pil（a）或 pîr（a）之译音。盖中国译梵文，音尾无声母，则以鼻音代之，已有此例：如 ráhula 译为罗云之例是也。则罽宾之原音，应为 Kapil（a）或 Kapir（a）。又考 Ptolémée 之《地理》，克什米尔名 Kaspêria，则汉时之名克什米尔为罽宾，亦不足异矣。查《汉书》Kabul 一地，别名高附，罽宾与 Kabul 实无关系也。又考《魏书》、《北史》，罽宾国都善见城，即

《隋书》、《唐书》之修鲜城，亦即梵文 Sudarçana 之译音也。

《魏书》载正平初（452），罽宾遣使朝贡，其都城在波路西南，去代一万四千二百里，居在四山中。其地东西八百里，南北三百里。

百年之后，罽宾之实在方位遂忘。中国史书乃以此名加之印度北境诸国。《隋书》载大业中（605至616），漕国遣使朝贡，又云漕国在葱岭之北，汉时罽宾国也；以此罽宾为漕国也。漕国与撒马尔干南之曹国有别，即《大唐西域记》之漕矩吒，今在 Ghazni 地方也。《唐书》亦志有武德二年（619）罽宾使至中国事，亦误以其国为漕国，在葱岭之南也。贞观十六年（642），罽宾亦有使至中国，显庆三年（658）以其地设修鲜都督府。神龙初（705），拜其王修鲜等十一州诸军事。开元七年（719）又遣使献天子及秘方奇药，册其王为葛逻达支特勒。后其王乌散特勒洒年老，请以子拂菻罽婆嗣，听之。天宝四载（745），册其子勃匐准为袭罽宾及乌苌国王。乾元初（758），遣使朝贡。

《唐书》所记罽宾遣使至中国之事如前，但无750年罽宾遣使至中国之事也。此事唯见宋《高僧传·悟空传》，传云：天宝九载，罽宾遣使来朝，请使巡按。明年敕中使张韬光将国信行，官吏四十余人西迈，时空未出俗，授左卫泾州四门府别将，令随使臣自安西路去，则唐之罽宾，与汉之罽宾，不同也。

由是观之，唐之罽宾与克什米尔毫不相涉。唐之个蜜或伽湿弥逻，《唐书》别有传，各有其国王都会使臣也。考《悟空传》，悟空使罽宾后，归途留伽湿弥逻，则罽宾之名，唐时已不指此地。又考《悟空传》，健驮罗国时已为罽宾之东都。健驮罗之都城为布路沙布逻，即今之白沙威，在喀布尔河岸。其第二都城为乌铎迦汉茶城（Udabhāndr），在印度河之右岸。总之，健驮罗在喀布尔河下流，罽宾在其西，应在此河之中流。其上流别属一国。此国或即大勃律或布露。其国西邻北天竺乌苌,王居孽多城,临安夷水上。其西山巅有大城曰迦布罗(《唐书》卷二二一下)。此迦布罗即今之喀布尔(Kabul)是也。此外《西域图志》又误以罽宾为痕都斯坦(Hindustan),则又以罽宾名别一地域也。

唐时罽宾(健驮罗及其西方之国)之王朝,信奉佛教。圆照撰《悟空行状》,所载诸寺,可以证之。《唐书》所载诸王,始祖名馨孽。传十二世至642年,其王名曷撷支。719年其王名葛逻达支特勒,739年其王名乌散特勒,王子名拂菻罽婆。745年其王名勃匐准。当此王时,遗使萨波达幹至中国,悟空至其国时,其王尚存也。此王之子,据《悟空行记》名如罗洒。

观右记诸王名,其中附有突厥称号,如特勒其一例也(译者案洒亦为突厥官名,即《唐书》与《三藏法师传》之"设",西文之chad)。考《唐书·突厥列传》,突厥官号凡二十八等:王号可汗,别部典兵者曰设,子弟曰特勒,大臣曰叶护,曰屈律啜,曰阿波,曰俟利发,曰吐屯,曰俟斤,曰阎洪达,曰颉利发,曰达干。罽宾之使名萨波达幹,此达幹即达干也。特勒为特勤之讹,此事已为碑志证明。突厥以特勤为号者实甚多也。

悟空所至之佛寺,有可忽哩、萨紧忽哩、旃檀忽哩。寺皆以"忽哩"名,似亦为突厥语。《西域记》屈支国有二伽蓝,同名昭怙厘,亦斯类也。

证以近来发见之碑文,大食人之记载,与悟空所记多能相合。可以证明伽腻色伽王所建之王朝,至9世纪末年止,为突厥(Turuska)月氏王朝也。

犁靬为埃及亚历山大城说

《通报》1915年

伯希和 撰

当纪元1世纪顷，中国人名地中海东部为大秦。据《三国志》引《魏略》云：大秦国一号犁靬，《前汉书》亦作犁靬，但《后汉书》、《晋书》作犁鞬，《史记》、《北史》、《魏书》作犁轩。要之纪元前126年张骞归国之时，地中海东部，初名犁靬。至纪元1世纪，始易名大秦耳。

犁靬之名何所本，希尔特（Hirth）之《中国及东罗马》（*China and the Roman Orient*, 1885）一书，已列举 regnum, hellenikon, legiones, Lycia, badiliken 诸名，皆断其非是，而以犁靬为 Petra 种族原名 Rekem 之译音。自是以后，三十年矣，无人提出异议也。希尔特之解说，虽见敏思，然吾不解昔日张骞所至之大夏中亚人民，何以一外省之城名，统名地中海东全部耶？

吾以为应别有解说也。当纪元前2世纪时，尚属希腊化大夏国之真正地中海母国，盖为埃及之亚历山大城。吾前已于1914年九十月刊之《亚洲报》中说明，巴利文《那先比经丘》（*Milindapanha*）中之"我本生大秦国，国名阿荔散"，二语中之阿荔散，即指埃及之亚历山大城。此犁靬亦即亚历山大之译音也。当时《史记》、《汉书》所记此国之事，唯言纪元前140至前86年间，安息王以犁靬眩人献于汉，当时亚历山大之魔术者，颇著名。《后汉书》亦曾志及其人由印度赴东方也（译者按此事即指《南蛮传》"永宁元年，掸国王遣使献乐及幻人，能变化，吐火，自支解，易牛马头，又善跳丸，数乃至千。自言我海西人，海西即大秦也。掸国西通大秦……"一事）。则当时之犁靬，即指埃及之 Alexandrie。至纪元 1 世纪末年，中国人与叙利亚（Orient syrien）相接之后（译者按此即指永元九年都护班超遣甘英使大秦抵条支临大海一事），始以大秦名其地。

予未敢断言犁靬之必为亚历山大，顾此种考证，较前此诸说为完满，甚愿有人讨论也。

叶调斯调私诃条黎轩大秦

见《通报》1932 年刊 181 至 184 页

伯希和评藤田丰八研究文

藤田丰八君在 1929 年《台北帝国大学文政学部纪要》第一卷第一号中发表两篇研究,一篇考证叶调、斯调、私诃条等名称,一篇考证黎轩、大秦等名称。藤田君即殁于此 1929 年,曾在此《纪要》中提起若干颇饶异议的问题。比方他将 Ptolémée《地志》中的 Cattigara 位置在 Tourane,而 Herrmann 君则位在清化境内,A. Berthelot 君又向厦门沿岸寻求,我却未具成见,仍以此名之上半是交阯之对称。藤田君在头一篇研究的名称,就中若私诃条,我们久以为此名代表一种与巴利(Pali)文锡兰岛名称 Sīhaladīpa 相近的 *Sīhadīva 写法。可是尚有叶调同斯调国名的记录。藤田君说我先将此二国考订为爪哇(Yavadvipa 的一种俗语写法 *Javadīpa 之对音),然到后来对于第二名称我曾作附条件的主张,而以其为私诃条之异译,质言之,考订其地是锡兰。他好像有所误解。关于叶调者,我始终固以为是爪哇。至若斯调,我首先曾"在附有不少条件之下",考订是锡兰(《远东法国学校校刊》第 4 卷 357 页,同《通报》1912 年刊 463 页),嗣后在 1923 年,我受了 Laufer 同 Ferrand 二君论文的影响,也主张在南海中寻求(远东法国学校刊行之《亚洲寻究》第 2 册 250—251 页);我现在的倾向仍旧回复我在 1904 同 1912

年的主张。藤田君确信斯调不在南海,而在锡兰,同我在1904年的主张一样。他引举若干论证,不能谓无价值,可是也不能说未可非驳。藤田君所引关于斯调国之文尚多,据我近几年来裒辑的结果,尚可加增若干条。然有一事为确定无疑者,则在斯调名称确有证明,并不是叶调之误,如Laufer同Ferrand先后主张之说。此外藤田君不但以为斯调是锡兰,而且以为叶调是锡兰,而非爪哇,他如是引有若干好像外国译名头一字"叶""斯"互用之例。我对于此点未敢置信,而我以为必须先将涉及斯调名称的一切记录裒辑刊布,在一篇专论中研究之。

第二篇研究黎轩同大秦的问题。十六年前我曾主张黎轩是Alexandrie的一种译名,今见藤田君之文以为白鸟君在先已有此说(可是引证错误,因为"《通报》1915年刊690至691页"是我自己的论文,并未涉及白鸟君)。藤田君已在1928年1月刊《史林》中主张此说,以为黎轩是Rhages的译名,而大秦就是纪元初年之后地中海东岸的汉名。别言之,古波斯语Dašina此言"右",或梵语语Daksina此言"右"同"南"之对音。这皆是些争议尚多的问题,比方Herrmann君以为大秦是阿剌壁半岛,我不赞同此说,与不赞同藤田君之说一样。所以我对于藤田君所提出的那些主要答解,我皆难视为确定,可是他裒辑有不少迄今漏引之文,亦足多也。

兹将若干可以注意之点录下:

5页:我在《远东法国学校校刊》引用过的《水经注》引《扶南记》之文,藤田君以为"从口南"应是"从日南"之误。我以为他有理由,则应改正如下文:"从日南发往扶南诸国,常从此口出也。"

14页:并非由絮误条、乃由絜误絮,盖絜在此处与叠同音读也。

15页:锡兰岛"有四佛足迹,合有八迹",犹言有八足之迹。

22页:未详何书之"《应志》",疑是朱应《扶南异物志》。

22页:《太平御览》卷七〇一之文,藤田君转录有误。原文实作斯诃调,我从前假定斯调是锡兰,此亦理由之一。

22页:"条三弥"而经藤田君还原作 Devasamadhi 者,我以为不如还原作 Devasāmin,Devasānī(scr. Devasvāmin)较为近类真相。

40页,注二五:我不信鼍鼓之皮是用守宫(geckos)之皮作的;鼍应是一鳄。

70页:若谓大宛之"大"不作大小之大解,理不可解,因为尚有小宛也。

《魏略·西戎传》笺注

《通报》1905年

沙畹 注

西域诸国，汉初开其道，时有三十六，后分为五十余。从建武（25至31年）以来，更相吞灭，于今有二十道。从燉煌玉门关入西域，前有二道，今有三道。

按《前汉书》卷九十六，自玉门阳关出西域，有两道：曰南道，北道。《汉书》之北道，即《魏略》之中道。其北又增一新道，即《魏略》之北道也。

从玉门关

按《魏略》之玉门关，即汉代之玉门关，在燉煌（沙州）之西北；至唐时玉门关，乃在安西之北。

西出，经婼羌转西，越葱岭，

按即今之帕米尔（Pamirs）高原。

经县度，

按即古之悬絚，《唐书》之小勃律，《志猛传》之波伦，《宋云行纪》之钵芦勒，《玄奘传》之钵露罗，《继业行纪》之布路，今博洛尔（Bolor），在 Yassin 流域，为旅行者自钵和赴迦湿弥罗（Kaçmir）或乌仗那（Udyana）经行之途。此道之崎岖难行，详见《法勇传》；特吾人应注意者，3 世纪时中国人已知有此道也。

入大月氏，

按 3 世纪中叶大月氏占有印度之西北。

为南道。从玉门关西出，发都护井，回三陇沙北头，经居卢仓，从沙西井转西北，过龙堆，到故楼兰，转西诣龟兹（Koutcha），至葱岭，为中道。从玉门关西北出，经横坑辟，三陇沙及龙堆，出五船北，到车师界戊己校尉所治高昌（Tourfan），转西与中道合龟兹，为新道。

按《魏略》之北道，自哈密经镇西（Barkoul）至古城，复南越博格多山（Bogdo ola），抵吐鲁番复转西与中道合。但当时北道别有一道，经迪化（Uroumtsi）、绥来（Manas）、乌苏（Koul-Kara-oussou）、逾额林哈必尔罕岭（Iren Chabirgan），至伊犁流域之乌孙。《魏略》言与中道合者，北、中二道在库车会合。库车以西，别有北道，非言西道、中道自是合为一道也。《魏略》之西域三道，与 608 年裴矩撰《西域图记》所记之三道，路程亦多相合。《隋书》卷六十七曰：发自敦煌，至于西海，凡为三道，各有襟带。北道从伊吾（哈密），经蒲类海（巴尔库尔湖）、铁勒（Teulès）部、突厥可汗庭（博罗塔拉河或伊犁河流域），度北流河水〔吹河（Tchou）、西尔河（Syrdarya）、阿穆河（Amou darya）〕，至拂菻国〔东罗马（Byzance）〕，达于西海。

其中道从高昌（吐鲁番附近之雅尔域）、焉耆（Karachar）、龟兹（库车）、疏勒（Kachgar），度葱岭（Pamirs），又经拨汗（Ferghana）、苏对沙那国（古之 Osrouschana，今之 Ura-tepe）、康国、曹国（Ischtykan）、何国（Koschâna）、大小安国（Bokhara, Kharghan, près de Karmynia）、穆国（Amol）至波斯，达于西海。

其南道从鄯善（罗布泊南）、于阗（和阗）、朱俱波（哈尔噶里克）、喝槃陀（塔什霍尔罕），度葱岭，又经护密（Wakhan）、吐火罗、挹怛（Hephthalites）、帆延（Bamiyân）、漕国至北婆罗门（印度），达于西海。

比较《魏略》及裴矩三道不同之点：裴矩三道所至较远；裴矩南道经巴达克山（Badakchan）中之葱岭，《魏略》之南道，则经克什米尔（Kaçmir）之葱岭耳。

凡西域所出，有前史已具详，今故略说。南道西行，且志国、

按志为末之讹，《前汉书》作且末，即《西域记》之沮末，《唐书》之播仙镇或播仙城。据《水经注》所记，此地应在车尔成河上。据格勒那尔（Grenard）之《亚洲高原科学探考记》（*Mission scientifique dans la Haute Asie*）云：予在车尔成（Tchertchen）及塔尔唐（Tartang）附近游览中，于河流旧道，

见有古城废迹，疑即为汉之且末国，当时南道在今日南道之北云。

小宛国、

据《前汉书》卷九十六上曰，小宛国王治扜零城。

精绝国、楼兰国

据《前汉书》卷九十六上，所志此国原名楼兰，至纪元前77年时，更名其国为鄯善。国名既改，国都必迁。前者斯文赫定（Sven Hedin）在格林威线北纬四十度四十分，东经九十度间，古罗布泊旧址北岸，所发见之废城，不能必其为楼兰故都，须再详细讨论也。考《前汉书》卷九十六上云："楼兰王治扜泥城……国中有伊循城……汉遣司马一人吏士四十人屯田伊循以镇抚之。"此城必在扜泥附近。又据《水经注》，南河（塔里木河）与阿耨达水（车尔成河）合流之后，经鄯善国都伊循城北，东注于湖（罗布泊），湖在楼兰国北，国有扜泥城，皆称东古城。又据徐松《汉书·西域传补注》，扜泥既名东古城，伊循应为新城。由是观之，纪元4世纪时，塔里木河南之伊循城已为鄯善之都城，此伊循或即在罗布泊南之扜泥。则斯文赫定所发见罗布泊北岸之废城，似非楼兰鄯善之都城也。若合《水经注》、《新唐书》、《玄奘法师传》诸书所志参证之，汉之伊循城，应即《唐书》之新城，《玄奘传》之纳缚波故国。又据《唐书》卷四十三下所志，有石城镇，汉楼兰国也。在新城之西八十里，蒲昌海（罗布泊）南三百里。距湖太远，似别为一城。

皆并属鄯善也。戎卢国、扜弥国、

  按此国《前汉书》作扜弥误；盖《史记》卷一二三作扜寀，《宋云行记》作捍䃏，或捍么，《唐书》作汗弥，即《唐书·地理志》于阗东境之坎城，《西域记》之媲摩。据斯坦因之考定，媲摩即和阗、克里雅间之 Uzun tati。

渠勒国、皮宂国

  按此国《前汉书》作皮山。

皆并属于阗。罽宾国、

  按罽宾国名代表两地，据烈维（Sylvain Lévi）之考定，初为克什米尔（Kaçmir）之译音。自汉至北魏，皆以治其地。至唐时，因其音与迦毕试相近，故又以名迦毕试，别名古之罽宾为迦湿弥罗。

大夏国（Bactriane）、高附国（Kabul）、天竺国（Inde）皆并属大月氏。

  按纪元 3 世纪中叶，为贵霜王朝极盛之时。

临儿国，

  按即佛诞生之腊伐尼园（Lumbini），法琳《辨正论》引《魏略·西域传》作临倪、临猊。

《浮屠经》云其国王生浮屠。浮屠，太子也。父曰屑头邪（Cuddhodana……），母曰莫邪（Maya）。浮屠身服色黄，发青如青丝，乳青毛，蛉赤如铜，始莫邪梦白象而孕，及生，从母左胁出，生而有结，堕地能行七步。此国在天竺城（《通典》作域）中。天竺又有神人，名沙律。

按烈维以为沙律似即 çariputra（译者按《舍利弗问经》亦译作舍利弗）之译音。

昔汉哀帝元寿元年（纪元前2年），博士弟子景卢受大月氏王使伊存口受《浮屠经》

按右文各书所引不同，兹别举诸文于后，以见异同。

624年至640年法琳撰《辨正论》，陈子良引《魏略·西域传》曰：前汉哀帝时，秦景至月氏国，其王令太子口授《浮图经》还汉。

《辨正论》又引《魏略》及《西域传》曰："前汉哀帝时，秦景使月氏国，王令太子口授于景。所以《浮图经》教前汉早行。六十三年之后，明帝方感瑞梦也。"此文并见664年刊道宣撰《广弘明集》，662年刊彦琮撰《集沙门不应拜俗等事》。

551年至554年刊《魏书》，卷九十四曰："哀帝元寿元年，博士弟子秦景宪受大月氏王使伊存口授《浮图经》。"

700年刊玄嶷撰《甄正论》曰："至哀帝元寿元年，博士景宪受大月氏王使伊存口授《浮图之经》。"

629年至636年撰《隋书》，卷三十五曰："哀帝时，博士弟子秦景使伊存口授《浮屠经》。"

597年撰费长房《历代三宝记》曰："哀帝时，元寿年中，景宪使于大月氏国，受得《浮图经》。"

624至640年撰《破邪论》、650年撰《释迦方志》、668年撰《法苑珠林》，并云汉哀帝元寿元年，使景宪往大月氏国，因诵《浮图经》还汉。

曰复立者其人也。《浮屠》所载临蒲塞、

> 按临蒲塞即《后汉书》卷七十二之伊蒲塞，亦名优蒲塞。梵文为Upasaka。

桑门（çramana）、伯闻、疏问、白疏闲、

> 按《通典》作伯开、疏间、白闻，《太平寰宇记》作白闻、疏闲、伯闲。

比丘（ohiksu）、晨门（çramana），皆弟子号也。《浮屠》所载，与中国《老子经》相出入，盖以为老子西出关，过西域之天竺，教胡。浮屠属弟子别号，合有二十九，不能详载，故略之如此。

车离国，

> 按《后汉书》卷九十八作东离。据云东离国居沙奇城，在天竺东南三千余里，大国也。其土气物类与天竺同。列城数十，皆称王，大月氏伐之，遂臣服焉。男女皆长八尺而怯弱，乘象骆驼，往来邻国，有寇乘象以战。

一名礼惟特，一名沛隶王。在天竺东南三千余里，其地卑湿暑热。其王治沙奇城，有别城数十，人民怯弱，月氏、天竺击服之。其地

东西南北数千里，人民男女皆长一丈八尺，乘象、橐驼以战，今月氏役税之。

盘越国，

  按此国《后汉书》卷九十八《天竺条》作盘起。

一名汉越王，在天竺东南数千里，与益部

  按益部疑为益郡之讹。

相近，其人小与中国人等，蜀人贾似至焉。南道而西极转东南尽矣。

  按此国应在今之阿萨密（Assam）、缅甸二地之中。

中道西行尉梨国、

  按《前汉书》西域诸国之今地，业经1766年刊之《西域同文志》考定其方位。但此书所考，不尽翔实；姑引其说，以备考证。据其卷二所志，汉之尉犁，在今焉耆西南之哈喇噶阿瑞（Kalganaman）。

危须国、

  按《西域同文志》卷二，此国今在焉耆东北九十里之察罕通格（Tchagan toungi），然徐松则以其地在今之巴格喇赤湖

(Bagrach）之东南。

山王国

按《前汉书》卷九十六上，有山国，又徐松据《水经注》，以为此国即墨山国。据《前汉书》，此国应在巴格喇赤湖及罗布泊之间。据格勒那尔之考定：其地应在库尔勒（Kourla）东北一百三十公里之 Kyzyr sanghyr 地方。

皆并属焉耆。姑墨国、

按姑墨国在史乘中，有极墨、戚戎、拨换、钵浣、怖汗、跋禄迦诸名。若据《西域图志》考定之今地，为雅哈阿里克（Yaka-arik），在拜城（Bai）及哈拉玉尔滚（Kara-youlgoun）之间；第徐松之考定，则以其地在哈拉玉尔滚之东，雅哈阿里克附近之滴水崖。予前亦曾采其说，后经格勒那尔之实地调查，始知中国考据家误以古之温宿为今之阿克苏（Aksou）。中国考据家之考定，即以此为起点；起点既误，遂致错讹相沿至今。今考定姑墨为阿克苏，温宿为乌什（Ouch-Tourfan），其理由有三：

一、据《前汉书》卷九十六下曰：姑墨国南至于阗，马行十五日。格勒那尔云，由雅哈阿里克或哈拉玉尔滚至和阗，从来无路可通，今亦无路可达。若自阿克苏赴和阗，有路可通，正马行十五日也。

二、格勒那尔曰：《前汉书》姑墨国有人口二万四千五百，温宿有人口八千四百。今观阿克苏水泉甚饶，为土耳其斯坦要城之一，当时何致人口反少于几无水泉之雅哈阿里克或哈拉玉尔滚三分之二耶？若以阿克苏为姑墨国，乌什为温宿，则近似矣。

三、若以姑墨为今之阿克苏，温宿为今之乌什，《唐书》所志四夷路程，关于此二地之记载，始不难明了。据云："拨换城一曰威戎城，曰姑墨州，西北渡拨换河。"此拨换河即今之阿克苏河。此河在思浑河即今之塔里木（Tarim）河之北。"二十里至小石城"，此城在今之 Bourgé，在阿克苏河及塔乌什堪河（Taouchkan daria）之间。"又二十里至于阗（按于阗应作于祝）境之胡芦河"，此河即塔乌什堪河也。"又六十里至大石板，一曰于祝，曰温肃州"，此温肃为乌什无疑也。

据前述之理由，予以为格勒那尔所提出姑墨即阿克苏，温宿即乌什之说，为不磨之真理。

温宿国、尉头国、

按格勒那尔考定其地在乌什西南之色帕尔拜（Safyr bay）。

皆并属龟兹也。桢中国、

按此国即《册府元龟》卷九七三所志，169 年梁州太守孟陀，命从事任涉、戊己司马曹宽攻而未下之桢中城。《后汉书》卷四十七《班超传》，作损中城，注又作顿中城。

莎车国〔今叶尔羌（Yarkand）〕、竭石国、

竭石至唐时为佉沙、迦师，即今之喀什噶尔（Kachgar）。今名尚留有古之 kach 之音。

渠沙国、

按《北史》卷九十七曰："渠莎居故莎车城。"

西夜国、

按此国在莎车南方山中，今名裕勒阿里克（Yul arik）。

依耐国、满犁国、亿若国、

按《前汉书》满犁作蒲犁，亿若作德若，此三国皆在今之塔什霍尔罕（Tach-kourgane）。

揄令国、

按前后《汉书》皆无此国名。

捐毒国、

按《前汉书》卷九十六上，捐毒国在疏勒西，葱岭北部，应为今之 Karategin。

休修国、

按此国《前汉书》作休循，袁宏《后汉纪》作休修。据《前汉书》卷九十六上云：国在大宛（Ferghanah）东南，捐毒之东，疏勒之西。似在葱岭之中，今之 Irkeshtam 地方。由喀什噶尔赴 Och 所经之途中。《前汉书》又云：疏勒西北诸国，如休循、捐毒等国，故塞种（Sakas）也。可以见当时疏勒诸王在葱岭之势力。

琴国

> 按他书未见有此国名。

皆并属疏勒。自是以西，大宛、安息（Barthie）、条支（Chardée）、乌弋。

> 按乌弋即《前汉书》乌弋山离之省称。似为亚历山大（Alexandrie）之译音，即希腊古地理学者 Strabon 之 Alexandreis e en Ariois，今之 Héart 是也。《魏略》误列其地在安息、条支之后，应以《前汉书》所志"安息东与乌弋山离，西与条支接"之记载为是。

乌弋一名排持。

> 按北宋本《三国志》作排特。

此四国次在西，本国也，无增损。前世谬以为条支在大秦西，今其实在东。前世又谬以为强于安息，今更役属之，号为安息西界。前世又谬以为弱水在条支西，今弱水在大秦西。前世又谬以为从条支西行二百余日，近日所入，今从大秦西近日所入。

> 按原文大秦诸国之文，已经希尔特译出，可取其《中国及东罗马》（China and the Roman Orient）一书观之。兹不赘述。

北新道西行，至东且弥国、西且弥国、单桓国、毕陆国、

  按《前汉书》无西且弥。徐松云，为东且弥所并。然则至3世纪时似又独立为一国也。毕陆，前后《汉书》皆作卑陆。

蒲陆国、

  按蒲陆即蒲类；蒲类为巴尔库尔（Barkoul）湖之古名。然则此国方位在东，次序应列在前也。第取《后汉书》观之，不难知其次序列后之理。《后汉书》卷八十八，"蒲类条"曰："蒲类本大国也。前西域属匈奴，而其王得罪单于，单于怒，徙蒲类人六千余口内之匈奴右部于阿恶地，因号曰阿恶国。南去车师后部〔今之济木萨（Dsimsa）〕，马行九十余日，人口贫羸，逃亡山谷间，故留为国。"其故地为移支国所居，此事在西汉时，所以前后《汉书》皆位置此国于天山之西。质言之，在今之迪化、绥来等地。故《魏略》列此国之次在后。

乌贪国

  按前后《汉书》皆作乌贪訾离。《前汉书》卷九十六下曰：此国"东与单桓，南与且弥，西与乌孙接"。应为天山北道最西之国。乃《西域同文志》考定其地为今之特纳格尔（Teneger），即迪化东方之阜康县也。此说有误，盖与西接乌孙之说不合也。予以其地应在玛纳斯河（Manas）及额毕湖（Ebi Nor）之间。

皆并属车师后部王。

> 按汉之车师后部都城，在济木萨南山中。唐之金满县，则在济木萨北五里。

王治于赖城，魏赐其王壹多杂守魏侍中，号大都尉，受魏王印。转西北则乌孙、

> 按自汉至唐，由准噶尔（Dzoungarie）赴伊犁流域，取道额毕湖南之登努勒台（Dengnoul）。今则取道偏西赛里木湖（Sairam）南之塔勒奇阿璊（Talki-aman）。乌孙领地，为伊犁流域，西至热海（Issyk koul）。

康居，本国无增损也。北乌伊别国在康居北，又有柳国，又有岩国，

> 按《后汉书》卷八十八作严国，在奄蔡（Alani）北，属康居。

又有奄蔡国，一名阿兰，

> 按希尔特考定奄蔡即希腊古地理学者 Strabon 所名之 Aorsoi。据《魏略》所志，此族一名阿兰，即中世纪之 Alani 也。此族先兼有奄蔡（Aorsi）、阿兰（Alani）二称，后唯有阿兰之号。

皆与康居同俗。西与大秦，东南与康居接。其国多貂，畜牧逐水草，临大泽，故时羁属康居，今不属也。
  呼得国，在葱岭北，乌孙西北，康居东北。胜兵万余人，随畜牧，出好马，有貂。坚昆国，

按《新唐书》卷二一七下曰："黠戛斯（Kirgiz），古坚昆国也。地当伊吾（哈密）之西，焉耆北，白山（博格多山及巴尔库尔南山）之旁。"此文与《魏略》坚昆在康居南北之记载似异。《唐书》又曰："郅支单于破坚昆（时在纪元前1世纪下半叶）。于时东距单于廷七千里，南车师（吐鲁番及古城）五千里，……直回纥西北三千里，南依贪漫山。"此贪漫山似为唐努山，但希尔特以为即赛扬（Saian）山。总之，黠戛斯发源之地，北起赛扬山，南迄唐努山。其后或大为发展，南至哈密、焉耆，西抵咸海（Aral），亦意中所必有之事。则《魏略》与《汉书》所志，时代之不同，非不符也。

在康居西北，胜兵三万人，随畜牧，亦多貂，有好马。丁令国，

按《史记》卷一百一十作丁灵，《前汉书》卷九十四上作丁零，《山海经》卷十八作钉灵。

在康居北，胜兵六万人，随畜牧，出名鼠皮，白昆子、青昆子皮。此上三国，坚昆中央，俱去匈奴单于庭安习水七千里，南去车师六国五千里，西南去康居界三千里，西去康居王治八千里。或以为此丁令即匈奴北丁令也。而北丁令在乌孙西，似其种别也。

按丁令原为一种。此种区别，颇牵强也。

又匈奴北有浑窳国，有屈射国，有丁令国，有隔昆国，有新黎国，

按以上诸国名，并见《史记》卷九十，前《汉书》卷九十四，皆于纪元前二百年顷，为匈奴所征服。

明北海之南自复有丁令，非此乌孙之西丁令也。乌孙长老言，北丁令有马胫国，其人音声似雁鹜，从膝以上身头，人也，膝以下生毛，马胫马蹄，不骑马而走疾马，其为人勇健敢战也。

按《山海经》卷十八云，有钉灵之国，其民从膝巳下有毛，马蹄善走。

短人国，在康居西北，男女皆长三尺，人众甚多，去奄蔡诸国甚远。康居长老传闻，常有商度此国，去康居可万余里。

《魏略·西戎传》中之"贤督"同"汜复"

1921年刊《亚洲报》上册139至145页

伯希和 撰

唯一中国史文说到纪元初数世纪经行大秦或罗马东境商道者，就是《魏略·西戎传》。世人已知道《魏略》是3世纪中间的撰述，原书已佚，可是这篇《西戎传》在429年已载入《三国志》卷三十的卷末。有些关于佛教初被中国佛徒辩论的撰述，也引有《魏略·西戎传》，拿这类的引文看起来，可见《三国志》所载《西戎传》之文，间有脱误。不幸关于大秦一方面，我们没有别的引文可供参考，暂时只能以《三国志》之文作根据。①

这篇《魏略·西戎传》，业经沙畹（Chavannes）在1905年《通报》中译出。可是恰将关于大秦的一节省略，仅教读者去参考1885年希尔特（Hirth）所撰《中国同罗马东境》那部名著中的译注。据我所知，自1885年以后，对于这段关于大秦的记载，未见有一种全部的研究，我尚不知道赫尔满（Herrmann）在大战中是否继续发表他对于通道（Seidenstrasse）的寻究。

希尔特的研究虽然细心而不乏功绩，可是在任何专心的读者看

---

① 我这篇考订是在1917年7月撰于北京，距任何欧洲图书馆皆远，自是以后，我在1919年终曾将此考订报告考古研究院。现在我发表之文，略微有点细节的变更。

起来，在不少点上，解说很难令人满足。对于他的假定所引起的重要驳论有二：一种是他所假定的古地名，常与汉文译写之例不合；一种是他假定考出的路程，与我们所知道的古地理家所志的路程不符，尤与脱烈美（Ptolemee）所志的路程不符。比方商队通常经行的道路，应该经过里海之南，复由此行到 Zeugma 渡 Euphrate 河，乃在希尔特的假定中，还要向南绕个湾子到 Seleucie-Ctesiphou。我现在尚无将此问题完全解决的志愿，① 我觉得将我的一种假定提出，以供我们的僚友之审查，不能说无其功用，如能将其证实，则将可为将来寻究的一种坚固根据。

《魏略》的撰者鱼豢曾经明说，他记载这些路程者，因为"前世但论有水道，不知有陆道"②。如此看来，他所注重的，就是这条陆道。世人先应假定者，这条陆道大致就是脱烈美所志，Tyr 的航员所闻，而经 Maes Titianos 所经行，进向石塔同汉人（Seres）都城的那条道路。顾脱烈美所志进向石塔的距离，是从 Zeugma 渡 Euphrate 河处开始计算，这一点特别重要。因为从石塔经过里海南边来的商队，同从巴比伦（Babylonie）运输海外运到波斯湾货物的商队，皆会于此地，彼此皆从此地进向 Antioche。这个重要地方，在《魏略》路程中也应该有，所以希尔特会假定这个 Zeugma 就是《魏略》路程中的驴分国，我以为我有一种别的见解。

---

① 关于中国人最先知道的地中海东部之犁靬名称，希尔特君以为是 Rekem，然而我以为是亚历山大城（Alexandrie 见《通报》第二类第十六卷 690 至 691 页）。我的从前一个荷兰旁听生，后来告诉我这种亚历山大城的考订，同时已见于 1915 年商务印书馆刊行的《辞源》之中。赫尔满在他的《中国同西亚间之古代商业关系》（见 Weltverkehr und Weltvirtschaft 1912 年 3 月刊 562 页）一文里面，说犁靬在达遏水（Tigre）上之 Seleucie，而于罗在 Hierapolis，我未见有何理由。

② 《魏略》所本的，应该是记述汉时缅甸所献大秦幻人，同 166 年大秦帝安敦（Marc-Aurele）从海道遣使至中国之文，这个 166 年使臣，已见《后汉书》著录，可是《后汉书》的撰年，在《魏略》之后。鱼豢所本之文，必定也是《后汉书》所本之文，而在后来佚而不传。166 年使臣在交趾登陆，我不特仍旧主张交趾治就是脱烈美之 Cattigara，而且我以为这个名称不是赫尔满所说的河静。（Hatinh 当时尚无此名，见 1903 年刊 Zeitschr. d. Gesellsch. für Erdk. zu Berlin 771 至 787 页，根据脱烈美《地志》所载《印度同中国南部间之古代交通》一文）而这个 Cattigara 一名前半，好像就是交趾的对音。

《魏略》有一段说,"从且兰复直西行之氾复国六百里,南道会氾复,乃西南之贤督"。又有一段说,贤督"其治东北去氾复六百里"。《魏略》说这些国皆是大秦的枝封小国,其义不仅说有地方王朝的城市,而且兼含着势力多少强盛的总督所管的地方。《魏略》并说,大秦国中"其余小王国甚多"。

希尔特在附加不少条件之下,将氾复位置在 Emése,将贤督位置在 Damas,乃考贤督两字,古读若 ghiän-tuk。我以为这个 gh 声母非 kh 声,仅有 h 声,这也是唐代突厥语的照例写法,则其对音是 An-tuk。(不过韵母中之 a 或 ä,同 u 或 o,还有点不定)从这个对音立时令人想到的就是 Antioche 一名,此地的译名固然还有安都(Au-tu),但此名是后来 5 世纪的译名。又一方面,考 Antioche 东北商队的第一个大站,应该是两道商队会合的 Zeugma,顾考《魏略》即说贤督东北六百里就是氾复,又说直西行同南道会氾复。如此看来,在贤督比对 Antioche 之假定中,氾复应该是渡 Euphrate 河的所在,我今以为可以很确实的音声根据来证实吾说。

案 Zeugma 是一个形容词,并非纯粹地名,商队发足渡 Euphrate 河的所在,实微在河之西,这就是希腊人名称的 Hierapolis。可是此地的土名则名 Bambykê,这个土名在我们地图上,则因阿剌伯语转出的 Membidj 或 Membudj 而见。

在表面上看起来,氾复同 Bambykê 似无关系,然而我以为氾复的写法有误。希尔特君所用的版本上面读若祀的氾字,常与读若泛的氾字混用。《康熙字典》曾举其例。考北宋本的《姓解》所著录的姓作氾,既然是姓,应读若泛。乃《姓解》说音帆,亦读若祀,既说音祀,则不能说是姓。① 又考张澍的《姓氏寻源》,② 氾氾两字并用

---

① 参考《古逸丛书》影宋本《姓解》卷一。
② 参考卷二三,又卷三十中之范字,常写作范。并参考同一撰者之《姓氏辨误》卷十六同卷二十。

作音泛的姓。我从前曾经引有氾汜两字混用之例，① 我现在还可加增一译名用氾之例。《佛经》中的氾罗那夷（Vamranayi，Vārānasi，Bénarès），今本皆误作汜罗那夷。② 如此看来，原书既无古代音注，我们对于《魏略》的氾复名称，也可读作汜复。乃在事实上，诸本两字互用。③ 而且不问这个氾字古代发声为何，他的收声必定是 m，而这个收声同复字的唇音发声正合，尤是以证明氾复之是。汉语氾复两字的发音，从唇声发音转到双唇呼音，又转到齿唇呼音，是在何时，现在尚难确定。可是在原则上，这个 f 声母在纪元初数世纪译写中，等若浊音古发声之 p，又等若清音古发声之 b，或者有时等若 bh，是确然无疑的。诸字典对于氾字古发声之清浊，为说不一，可是宋本的《姓解》音帆，张澍的撰述音梵，这两个字古发声是清音，已有证明。如此看来，我们可以说氾字译写的对音是 bam 或 bham。至若复字，古有一个清音发声，同一个喉音收声，他在译写中理论的对音，必定是 buk 或 bhuk。由是这两个字的对音是 Bam-buk 或 Bhum-bhuk，在译写中合于 Bambykê 的译例者，无过于此。

我的贤督比对 Antioche，同氾复比对 Bambykê 的两条假定，当然没有解决《魏略》大秦全条难题的野心，其中尚有若干不能调合的记载。又一方面，我的假定略微扰乱世人惯有的观念，世人习惯以为《魏略》所志大秦所治的无名都会就是 Antioche。《魏略》的这

---

① 参考远东法国学校《校刊》第 4 卷 388 页，《亚洲报》1914 年 1、2 月刊 220 页（我在此处所说氾汜之混用是对的，可是所疑氾范两字之相同，不甚可靠）。

② 参考西京《续藏》本第 10 套第 5 册 410 页，又东京《大藏》本黄字套第 5 册 49 页，这个地名的还原，有别的译名可以佐证，此外我未见有译写中用氾字之例。

③ 希尔特未说他用的是何版本，考 1596 年南京国子监本作氾复，可是图书集成公司的活字本皆作汜复，此外诸版本互用此二字，其原文必为氾字无疑。比方《魏略·西戎传》末说："余今氾览外夷大秦诸国"云云，其中的氾字亦写作泛，其音必作泛而不作祀，可是在南京国子监本里面，此处的氾字亦写作汜。又考《三国志·吴志》卷十二《虞翻传》，翻之第四子，南京国子监本三写作汜。乃考《三国志》注引《会稽典录》曰，氾字世洪，则可见原名必为氾字，若为汜字，则同洪字没有关系。这些例子应该够了，我以为无再举《三国志》版本之必要，就算是现在版本皆作汜复（况且此非其例），我们改作氾复也有根据。

一条，并见转录于Baedeker氏的叙利亚（Syrie）旅行指南此城沿革一条之中。顾若贤督即是Antioche，则或应寻求《魏略》所言之大秦都城于别所，或者就是亚历山大城也未可知。无论将来的考证能否证明吾说，我以为我这两条假定，在地理同音声方面极其相符，所以不待全部研究完成以后，首先将他提出，而且我现在暂时无暇作这篇全部研究。

高昌和州火州哈喇和卓考

《亚洲报》1912年五六月刊

伯希和　撰

　　纪元初年时，博克多山之南北，为车师前后部所居。后部都城在天山之北，今古城附近；前部都城在天山之南，治交河城，即今之雅尔废城。车师前部中又有高昌壁，为汉兵屯住之所，应为后之哈喇和卓（Qara-khodjo）。当纪元46年时，阚伯周始称高昌王（见《北史》）。顾名思义，其都城应为汉之高昌壁也。近日格领维兑（Grünwedel）在哈喇和卓附近之雅图库城（Ydyqut-Sahri）所发现5世纪之古碑，自经弗兰克（Franke）译出之后，前说遂以证实。自是以后，高昌都城未见迁徙。640年唐兵所取之高昌都城，亦在哈喇和卓。9世纪中回鹘帝国分解之后，其地已不属中国。回鹘遂于其地别建一高昌国，其都城仍在哈喇和卓。981年王延德使高昌，即其地也。

　　当时宋人虽名其国为高昌，然北方之辽国，则于913年始名哈喇和卓之回鹘为和州回鹘（并见《辽史》卷一、卷三十六）。《金史》于1130年亦名其地为和州。《元史》之外国译名不常一致，其地有合喇火者、哈喇火州、哈喇霍州诸译名，亦即 Qarakhodjo 与 Qara-khodja 之译音，然常称之曰火州。《元史》曰："回鹘王有亦都护之号。"此"亦都护"，盖即前见雅图库（Ydyqut）之对音。蒙古时代波斯之史学家，亦知有哈喇和卓。明时其地政治之优势移于吐鲁番，故《明史》曰："火州又名哈喇，在吐鲁番东三十里。东有荒城，即高昌国都。"据此则14世纪之中高昌都城又移治于附近之地，其地即今之哈喇和卓，而故废址尚沿用其王号名雅图库城也。15世纪初年Chahrokh之使臣所经吐鲁番附近之城，盖即其新都，今名哈喇和卓者是，非旧都之雅图库也。

如前所述，昔之高昌及火州，即土人前所称之Qara-khodjo，今所称之Qara-khodja。吾人前此所知者，只此而已。顾自鄂尔坤（Orkhon）之碑文，及突厥文史料发现以后，可资参考之料，遂又加多，今又有审查之必要也。

人以为高昌之突厥语名称，首见于突厥文之《阙特勤（Kül-te-gin）碑志》，盖碑志中有"阙特勤与Qosu-tutuq争战"之语。巴克（Parker）氏告脱母升（Thomson）氏云：qosu或qusu应为中国史书和州之对音。巴尔脱德（Barthold）氏先亦赞同是说，后因历史的理由否认之；盖和州之名，晚见于10世纪时之辽，二百年前阙特勤时代，不知有和州也。据缪莱（F. W. K. Müller）氏之考定，tutuq即为唐代都督官之译音。若就唐代都督府声音及方望，与此相合者求之，即不难得其所在矣。考《唐书·地理志》有孤舒都督府。就音学言，其音相符；就地理言，府在天山之北。则《阙特勤碑志》之名，应为孤舒，非和州也。

就鄂尔坤之碑志言，此事与高昌、火州、哈喇和卓诸名，似无关系。第自新疆之突厥文写本出现之后，孰知有不然者。当1908年时，在吐鲁番北山中发现之突厥文残卷，有一Qoco地名，缪莱氏即释为khodjo之音。质言之，即古之哈喇和卓（Qara-khodjo）或Qara-khodja也。1911年别有一抄本，亦Qoco地名。无何，勒苟克（von Le Coq）氏又刊布在吐鲁番所得之《摩尼教经》，脱母升氏又发表其所译之《古突厥文钞本》，其中又见有khoco及Qoco二名；经考定即唐时高昌一名，突厥语之对音。由是观之，Qoco 不出于和州，而和州、火州实为中国人重译之讹也。

此突厥文高昌之名，亦即唐时高昌都城之名。吾人未敢断言此名即出于纯粹突厥语也。前之考证，实确切不移。兹为求其语原，实不能不加以悬揣。夫和州出于 Qoco，后之 Qara-khodja。质言之，黑和卓盖为后来音之变迁，兹姑不论。兹专考究唐时高昌及 Qoco 二名，余以为此二名既同为一城之名，必有相连之关系，此名必出于彼名也。然则何名在先耶？Qoco 一名，在突厥语中，无意义之可言；而高昌一名，在中国语中原有意义也（《北史》云：地势高敞，人庶昌盛，因名高昌。亦云其地有汉时高昌垒，故以为国号）。夫中国译名，固不乏附以意义者，然吾人应知者，此名之解说已见 5 世纪时之记载，则突厥语 Qoco 之无意义，又不足异矣。盖纪元初时，已有高昌之名，而当时吐鲁番一带，尚未操突厥语，设 Qoco 一名不本于高昌，必出于中国语突厥语以外之第三种语言。但吾人应忆及者，高昌非车师土人一城之原名，乃汉兵屯住一地之称号。其选一中国名称，亦意中所必有之事。总之，虽无一事可以证明高昌出于 Qoco 或与 Qoco 相近之名，而唐时之高昌，实为产生 Qoco 之对音也。

自吾人发现唐时非中国文之抄件以后，得一未曾预料之结果。今之中国语以喉鼻音收声，而收声不显者，抄件译音中，皆不录其声。今日福建土话及日本语中，此例甚多：如"兵"字之音读如 hei 或 hyo，"藏"字之音读如 zo，皆失鼻音。但在中国北方，吾人尚不知有此事也。第在中亚所得抄件之中，见 I 字后之 N 音皆失：如丙丁音读如 pîy, tîy，突厥文译义净作 Getsi 是已。余自敦煌携还之西藏文抄件，所译中国文之音，其例亦同 I 字韵母以外各韵母，鼻音收声有时译出。然不尽译出，如"唐"音读如 kêy，"升"音读如 sing 之类是也。汉文"龙"字之音，突厥语译音作 lüi 或 lu，而西藏文亦作 klu（k 字不发音）；又如 A 字韵母鼻音收声之字，"仓"字译音作

tsang,"三藏"二字译音作 samtso。就此例言,Qoco 自应为高昌之译音,其鼻音收声已失,A 音转而为 O,此亦旧本汉语进化之例也。

纪元初年,高昌之译 Qoco,固难索解,然唐时高昌之对 Qoco,实音声相符也。况此二名同名一城,特其一为中国语名,其一为突厥语名耳。吾未见有能否认此种考定者也。

唐末之乱,中国与中亚之交通阻隔。及乱事平息之后,交通恢复,新至者仍名其地曰高昌,但其旧日之突厥语译名,仍如故也。中国人不察,遂重译而为和州、火州诸名。

中亚有不少译名,仍用中国旧音。中国语音虽变,而此古音译名不变,其例甚多,中亚发见之写本中可以引证者不少也。勒苟克氏之突厥残本,有一城名 Sughciu,脱母升氏之《古突厥文书》,亦有一城名 Sughcu,经二氏考定为肃州者也。盖唐音"肃"字读如 suk,而其地又为当时东西通道中之要城,故中亚民族多知之。及后来中国语音虽有变化,而中亚之突厥人、波斯人仍用唐音译名,而名其地为 Sukcu。十三四世纪蒙古时代八思巴(Phags-pa)制定蒙古新字所译之汉名,亦可互证此事。其中中国北方通行语之收声声母,只存鼻音三种而已(n,ŋ,m)。马可波罗(Marco Polo)当时亦名肃州为 Succiu。至 17 世纪后半叶,中国势力又及新疆,肃州之古音遂废,而中亚之人遂用中国人已变之音,而称肃州为 Scutcheou 矣。

此 Qoco 及 Sukcu 二例之外,尚不乏可以引证之例。蒙古时代,波斯人名西安府为 Kendjanfu,当为"京兆府"译音之讹。乃中国人不察,又转讹而为"金张夫"。

18 世纪时,吐鲁番地方似亦有相类译讹之事。吐鲁番之西北有一废城,即汉时车师前部之王庭,自汉至唐皆名之曰交河者也。今日突厥名其地曰雅尔(Yâr),犹言断岩也。但 18 世纪时中国舆地家名其地为招哈和屯(见《西域图志》卷十四);和屯(khoto)义为堡寨,招哈为蒙古译汉交河旧名,而中国人乃转讹而为招哈,与 Qoco

之重译为和州、火州，如出一辙也。

马可波罗记中国西北有一地名 Tendue，曾有人疑为"天德"二字之译音，天德盖为唐时河套之军名。但又有人以为马可波罗时唐之天德军久已不存，何致尚用天德之名耶？余以为反驳之说无大价值，"德"字唐音读如 tak，或 tyk，其不受中国语音变化之影响，与 Qoco 及 Sukcu 二名所处之境遇相同。天德军在唐时与突厥颇有关系，按《宋史》卷四九〇云："回鹘本匈奴之别裔，在天德西北，娑陵（Selenga）水上。"则天德军对于蒙古地域之关系，与肃州对于新疆之关系相等。此天德唐音之译名，遂流传于中亚。余虽未敢断言 Tenduc 之必为天德，然不乏可能性也。

前此诸解说中固不乏假定之说，但将来继续考证，似不难发现中国古音之译名流传中亚者不少；其不受中国国内语音变化之影响，与前引诸名之例同也。

《沙州都督府图经》及蒲昌海之康居聚落

《亚洲报》1916年一二月刊

伯希和　撰

余于1908年初次检阅敦煌《千佛洞》写本时,得唐时《沙州志书》一卷。沙州为唐时行政区域,领县二:曰敦煌、寿昌。写本字甚工整,观其书法,决为8世纪中叶物。卷中所志最近年号为开元(713至741年),所书隆基二字,皆有缺笔,可以断言此卷原本编于750年之前不久,而写本距原本编撰之时又甚近也。

1909年,此写本曾为清故总督端方影照。次年又刊载于罗振玉、蒋斧、曹元忠三君刊行之《燉煌石室遗书》之中,1913年又刊载于罗振玉君刊行之《鸣沙石室逸书》之中,而定其名曰《沙州图经》。两刊罗君皆有考释。

按中国省府州县皆有志书,此从前治中国学者所忽者也。日本得有此类志书无虑数千种,徐家汇耶稣会图书馆,今所藏亦富,余亦为巴黎国民图书馆搜集者不少。据中国学者之考证,志书创始于8世纪中叶,但不以志名也。在敦煌写本发见以前,最古之志书,不逾9世纪之上半叶,其名曰图经;则吾人所发见者,为志书之最古本也。故罗振玉君不名之曰《沙州志》,而暂定名曰《沙州图经》。

此暂定之名,今可为确定之名也。余又得另一写本(编号为2695),字迹较劣,但于卷末见有"沙州都督府《图经》卷第三"十字，此书之名，遂显于世。

此《沙州都督府图经》仅存部分，为水道、堤防、驿站、学校、寺观、城隍、怪异及永昌元年（689）所辑民间歌谣诸门。

写本中有多数记载，类皆为世所未详之事〔可与1914年及1915年刊《英国王家亚洲协会报》（R. A. S. J）之《敦煌录》参照〕。写本中有盐池三，《元和郡县志》仅录其一。运河七，唯都乡渠一见于10世纪之高居诲《于阗行记》，其名为都乡河。写本所载之"亭燧"二字，又可证《前汉书》卷九十四下《匈奴传》"亭隧"之讹，及颜师古注之误，燧为烽燧，非隧道也。

据写本所志，汉辛武贤所开之井，应求汉之白龙堆于敦煌之北，不应在敦煌之西，则《三国志》之《魏略》，今尚有重再考证之必要也。

此外《沙州都督府图经》引有古代残遗之书，如《西凉异物志》、《后凉录》、《西凉录》诸书。此种古代遗书，除为类书辑存一部分外，唯为《十六国春秋》所引。此书虽题为魏（386至556年）崔鸿撰，但崔书已佚，实为明人屠乔孙项琳所辑。据《沙州图经》所引诸条，又可补正今本《十六国春秋》不少。

《沙州都督府图经》所记之事，不仅限于沙州，其记驿站，东至瓜州，北迄伊州（Qomul）（哈密）。其志怪异，并附有蒲昌海石城镇将康拂祂延之弟地舍拨所上之申请书。其申请书所记之年，为天授二年（691）。

余因右一事所志二人姓名，实有提起注意之必要。此二人显属外籍之人，盖其姓为康。康者，今之撒马尔干（Samarkand）右之康居（Sogdiane）之简称也，其人属伊兰种。人名中又有一"拂"字，昔伊兰人之名，或由伊兰人介绍至中国所用之名，多用此字。则据此写本，蒲昌海（Lob Nor）之南，当时有一康居聚落，居其地五十年，尚未为东土耳其斯坦之土著，及中国人民所化也。余今兹之所辑者，唯关于此康居聚落之事。

考《新唐书·地理志》云："自蒲昌海南岸，西经七屯城，汉伊修（按《前汉书》及《水经注》作伊循）城也。又西八十里至石城镇，汉楼兰国也。亦名鄯善，在蒲昌海南三百里，康艳典为镇使以通西域者。又西二百里至新城，亦谓之弩支城，艳典所筑。"据《唐书》所志，当时唐代石城镇及弩支城之守将，亦姓康。质言之，康居人也。此康艳典或即天宝二年、三年入朝中国（743及744年）石国（Tachkend）王之婿。康国（Samarkand）首领康染颠，写本中之康拂 钛延与地舍拨，非其人之后裔，必其人之亲属也。

又据斯坦因（Stein）所得之写本（今编917号）考之，此写本为考证东土耳其斯坦地理之重要参考书，亦即证明康艳典籍属康居之确证也。其本为中和三年（883）物，所记有云："石城镇东去沙州一千五百八十里，去上都（按即长安）六千一百里，本汉楼兰国。《汉书·西域传》云：地沙卤少田，出玉。傅介子既杀其王，汉立其地更名鄯善国。隋置鄯善镇；隋乱，其城遂废。贞观中（627至649年）康国大首领康艳典东来，居此城，胡人随之，因成聚落，亦曰典合城。其城四面皆是沙碛，上元二年（675）改为石城镇，隶沙州。"写本后又云："新城东去石城镇二百四十里。康艳典之居鄯善，先修此城，因名新城，汉为弩支城。"又云："蒲桃城南去石城镇四里，康艳典所筑，种蒲桃于此城中，因号蒲桃城。"又云："萨毗城，西北去石城镇四百八十里，康艳典所筑。其城近萨毗泽，山险阻，恒有吐蕃及吐谷浑来往不绝。"（按萨毗之名，并见《新唐书》卷一一〇《诸夷番将列传》，于阗王《尉迟胜传》，其名或出吐蕃语。首一音为gsal，后一音未详）

据右引诸文，可知7世纪上半叶中，有一康居首领，率其国人至蒲昌海南，并筑四城也。与《沙州都督府图经》所志之康姓人对照，又可知7世纪末年时，此康居聚落尚保存其康居首领也。

中亚康居侨民之所在，吾人已知吐鲁番地方有之，阿尔泰山久已有之；而哈喇巴尔迦逊（Kara-balgasun）之《九姓回鹘可汗碑文》，为汉文、突厥文、康居文之刻物，又可证康居语之流行外蒙古。兹据前引之唐人写本，又发见一新康居聚落。欲研究康居佛教及中国佛教之关系者，不可不留意此种材料也。夫佛教虽久已流传康居，但余由敦煌携归之康居文佛经，乃长安都城之抄本，别有一《善恶因缘经》（译者按原文为 Sutra des causes et des effets du bien et du mal，应是此经），又为康居人译自汉文之佛经。居留蒲昌海之康居人，于宗教之流传，应亦负有任务。当635年景教教师阿罗本东赴长安传教之时，或曾逗留其地，亦未可知。但十年之后，玄奘法师携经本归自印度，经行其地时，必为此康居侨民所见，决无疑也。则此种隋乱之后，东徙至蒲昌海南，重辟东西通道之康国首领，洵有注意之理由也。

中亚史地丛考

Neuf notes sur des questions d'Asie centrale. (*T'oung Pao*, 1928—9)

伯希和　撰

一　阎膏珍考

《后汉书》大月氏 Indo-scythes 传中之丘就卻及阎膏珍, 业已考订为 Kuzulakadphises 及 Vemakadphises 之译名, 其人虽确然不误, 然其对音皆有未合。关于丘就卻一名, 余在 1914 年业已证其为传写之讹,(《亚洲报》*Journal Asiatique*, 1914, Ⅱ, 401); 汉文之"卻", 亦写作"却", 而"却"与"劫"易为混淆, 其原译名应是"丘就切"。缘原名中之-la-或者发音甚微, 不为译文所录, 而印度译名对于原名中之-d-或亦省写也。

阎膏珍一名, 应亦为传写之误。前者余因中国载籍中不乏混淆之例, 曾假定"珍"字为"宝"字之讹(《亚洲报》*J.A.*, 1914, Ⅱ, 389, 可并参照 1920, Ⅰ, 137), 当时余以其误以宝字古写之琟作珍。现余仍信"珍"字有误, 然不主张其原文为"宝"。尝考中国载籍, 其与"珍"字时常混淆者, 乃"珍"字俗写之"玠"与"彌"字俗写之"弥", 兹举若干"尔"与"爾"相混之例如下:

（一）《法苑珠林》卷二十四引王玄策《西国行传》，玄策在泥婆罗（Népal）国见水火池，梵文水名pānī，诸本译写作"波渗"，或作"波泳"，或作"波澜"，应以"波澜"为是。均参照《通报》1912年刊354页。

（二）汉文译写拂菻语之无花果，有"底橺"，"底珎"，"底璼"，诸名，璼字不见于字书，然其省写之"珎"，则为俗写之"珍"，核以闪族（semitiques）语言，应以"底橺"为是；盖由"橺"字俗写之"柅"，发生种种错误也。可参照 Laufer, *Sino-Iranica*, 411。

（三）日本西京大学刊行之《唐写本翰苑》卷三十，引有《宋书》一文，今本《宋书》作"彌"，而在写本中作"珍"，内藤教授有跋。

（四）《续高僧传》卷一中，"珍"与"彌"亦见互用，可检日本《大藏经》致字函2册86页。

（五）《隋书》卷八四《突厥传》云："拜染干（Žămqan）为意利珍豆启民可汗，华言意智健也。"后于诏词中名之曰"意利珍宝启民可汗"。《隋书》卷四本纪中亦作"意利珍豆"，然在《隋书》卷五十一《长孙晟传》中，又作"意利彌豆启人可汗"，因避唐太宗讳改"启民"为"启人"，其字非讹。至若"意利彌豆"与"意利珍豆"之互见，可见"彌""珍"两字之互用，因"珍"字遂连带又有"意利珍宝"。又考《册府元龟》卷九六七，作"竟利珎豆启民"，则又有误矣。

根据上引诸例，似有改正"阎膏珍"为"阎膏彌"之充分理由。且"膏"字收声之唇音韵母，与"彌"字发声之唇音声母亦能相应，唯须假定中国人所闻-Kadphises 之音，如同 kabhi 或其相近之音而已。①

二　突厥以十二属记年之最古记录

1906 年时，沙畹（Chavannes）曾假定十二属记年起源于突厥，盖其在 6 世纪上半叶之一汉译佛经中见一记载，而此经中之中亚影响颇为显明也。唯在 1906 年时，世人仅知中国与突厥之势力影响新疆（《通报》1906 年刊，87 及 94 页），但在今日，吾人乃知突厥在其地实未执有何种任务；而其地之居民一部分为吐火罗人（Tokhariens），一部分为伊兰（Iraniens）人也。有一在 759 及 764 年翻译、而具有天文性质之佛经即云："西国以子丑十二属记年，以星曜记日。"观此经之全部内容，所言之西国，广义应指伊兰诸国，狭义应指康居（Sogdiane）一带。② 别有一相类记载，关系 Zarafchan 一带者，曾经希尔特（Hirth：*Nachworte* p.127）在《太平寰宇记》中检出。③

当纪元之初，中国已用十二属记年，起源突厥之说，几无一

---

① 补注：余所主张 "珍" 字与 "宝" 字古写之 "珎" 相混之说，乃因此二字之相类，而有若干人名亦有互用者也。《后汉书》卷一百一十上《刘珍传》，"珍" 一名 "宝"，其人殁于 126 年。又卷九十四《赵岐传》中之唐玹，亦作唐宝，2 世纪中叶人也。其名得由唐玹转为 "宝"，唯唐宝一名为 Giles (*Biogr. Dict.*, n.146) 所著录，不知其何所本，《后汉书》中仅见唐玹一名也。设若 "宝" 字在 2 世纪末年或 3 世纪中为避讳字，抑为撰《后汉书》者先人之名，而以刘珍作刘宝，唐玹作唐宝，则阎膏珍原为阎膏宝矣。然余尚未见此种避讳字样，所以余仍主张 "珍" 字与 "珊" 字俗写 "珎" 字混淆之说。

② 关于此 762 年所译之经，及七曜历者，可参考《亚洲报》1913 年刊，1 册 161 至 177 页；其十二属记年之文，可检日本《大藏经》闰字函 14 册 59 页。

③ 希尔特引文见《太平寰宇记》卷一八三，唯误刊作卷一一三。至若《太平寰宇记》所引之《西域记》，非 7 世纪中叶之《西域图志》。然为《册府元龟》卷九九六与《太平寰宇记》卷一九九 "黠戛斯"（Kirghiz）条下所志盖嘉惠撰之《西域记》。《册府元龟》并谓开元（713 至 741）中为安西都护者撰。《太平寰宇记》与《册府元龟》之文显有关系，盖其误同也。开元中为安西都护者，只有 717 至 719 年之汤嘉惠，763 至 740 年之盖嘉运（可参考沙畹撰《西突厥史料》）。今不知撰者为何人，唯盖嘉运较为著名，其书疑为汤嘉惠撰，而传写误以汤嘉惠作盖嘉惠也。

人附合，余敢信沙畹于数年之后必不维持其说。① 第在突厥本部范围中，沙畹在 1906 年时，曾言在纪元 692 年前，不知有用十二属记年之事。然此年限乃本于 1895 年之一种考订错误，后在 1899 年改正之，则突厥语志有年代之最古遗物，应移后二十余年矣。②

中国之识突厥，始于 6 世纪中叶，其首先著录之史书，为《周书》卷五十之《突厥传》，传云突厥"不知年历，唯以青草为记"。

---

① 关于沙畹之说之批评，可检 1910 年《通报》583 至 648 页 de Saussure 之撰文。然余意不能与 de Saussure 之立论完全相合，余已裒辑关系十二属之新文不少，合计太多，非此短篇注释中所能容纳者也。

② 是即翁金（Ongin）碑文，拉德罗夫（Radlov）初以其为 Elteriš qaghan 之碑文，此人即中国载籍中之骨咄禄可汗。Qutlugh qaghan 碑文谓葬于翁金河之人殁于龙年。考中国载籍，骨咄禄确殁于 691 至 693 年之间，顾 692 年为甲辰年，拉德罗夫遂以此碑为骨咄禄之碑，而其殁年确在 692 年，拉德罗夫之误会洵不可解。盖此碑译文明言死者为骨咄禄之臣，则不能为骨咄禄本人。此外碑文著录毗伽可汗（Bilgä qaghan）之名，而此可汗在 716 年（似在 7 月）始即位也。拉德罗夫后在蒙古古突厥碑 *Alttürk Inscr. der Mongolei*, neue Folge, 1899, P. IX 一书中，放弃前说，以为翁金河碑文之死者，乃为一名 T（a）č（a）m 之人，此人不知为何许人，其殁年殆为 716 年丙辰也。按此年为毗伽可汗初即位年，谓在此年亦有可能。然余以为不能谓其必在此年，而非 728 年戊辰，此年毗伽可汗尚在位也。沙畹在 1903 年刊《西突厥史料》中，采入拉德罗夫改正之说，而在 1906 年《通报》之文中则忘之。准是以观，古突厥文第一碑之 692 年年代不足取也。至若骨咄禄之殁年，拉德罗夫谓中国载籍言在长寿中，质言之 692 年，吾不知其何所本。长寿元年在理论上可当 692 年，然此年号之元年，仅始于 9 月止于年终，顾武后改历以冬月为正月，长寿元年以全年计，始于 691 年 11 月 26 日，终于 692 年 11 月 14 日，就改元时间计，则始于 692 年 10 月 15 日，止于同年 11 月 14 日。拉德罗夫若知中国历算之法，将于 1895 年得一死于龙年葬于翁金河的死者之错误的证明矣。至若骨咄禄殁年问题，解决更较困难，新旧《唐书》本纪皆未著其事，《旧唐书》卷一九四上《突厥传》，谓骨咄禄天授中病死，《新唐书》卷三一五上，谓天授初死。按天授年号始 690 年 10 月 16 日，终 692 年 4 月 21 日，杜佑《通典》成于 801 年者也，亦以骨咄禄死于天授中（见卷一九八）。司马光《资治通鉴》（卷二〇四至二〇五）于天授、如意、长寿诸年（始 690 年 10 月 16 日，终 693 年 12 月 2 日，按长寿实止于 694 年 3 月 30 日，然《通鉴》以 693 年 12 月 3 日至 694 年 3 月 30 日并入延载年号之内）下皆无著录。然于延载元年（693 年 12 月 3 日，至 694 年 10 月 24 日）春正月（即冬月，始 693 年 12 月 3 日，终 694 年 1 月 1 日）志其事云："突厥可汗骨笃禄（Qutlugh）死，其子幼，弟默啜（Bäk-čor?）自立为可汗，腊月甲戌（694 年 1 月 20 日）寇灵州。"（今灵武）同一记载亦见《资治通鉴纲目》卷二十五。但此处所记者，乃默啜寇灵州之事，而追记骨笃禄之死及默啜之立。朱熹《通鉴纲目》乃误以骨笃禄死于 693 年，张氏在其《中国历史对照表》（*Synchronismes chinois*）中，亦仍其误。按默啜自即位至攻灵州，相距应有数年，盖《旧唐书》云"篡位数年始攻灵州"也。沙畹《西突厥史料》以默啜位于 692 年。又据《资治通鉴》二一一胡三省《注》，以骨笃禄之殁在 691 年。三省所本者，应是司马光之《稽古录》（《学津讨源》本 15 册 40 页），其原文云："天授二年秋（691 年 8 月 18 至 11 月 13 日），突厥可汗骨咄禄死，子幼，弟默啜自立为可汗。"按唐代史籍若《实录》、《唐历》之类，今虽无存，司马光尚及见之，其所记必实，且与吾人所见之旁证相合。即骨笃禄之死及默啜之立，应位之于 691 年 8 月至 11 月之间矣。

又考《隋书》卷一本纪，开皇六年正月庚午（586年2月12日），"班历于突厥"。然此种史文除其本义外，不可别加解释。突厥不解天文，不知预先编订历书，此事亦无足异，然不能谓其毫无历算方法，如以十二属记年之类是已。至若586年中国之班历，其目的不在以天文历数之说输入突厥。考中国旧例，以班历外国而表示其上邦之权，受历云者，犹言称臣，且突厥固无须乎正式班历而知中国之年历，设其不欲用之，虽班历亦无效。

《隋书》卷八四《突厥传》有一文，虽经希尔特（Hirth）在其 *Nachworte*（p. 122）中引起注意，然沙畹在1906年未曾用之，其文为突厥可汗沙钵略致隋帝书，其书首云"辰年九月十日，从天生大突厥天下贤圣天子，伊利俱卢设莫何始波罗可汗，致书大隋皇帝"。按以干支一字记年，中国向无此例，此处之"辰"，显为十二属中之一年，甲辰年（584）为龙年，所指者必为此年。则沙钵略在586年班历以前，已知用十二属记年矣。至其所用之月日，是否即为中国之月日，质言之，是否为584年10月19日，颇难言之。其所用者虽为中国之历日，而在其公文之中概以中历为准，然不能因此谓其直接假用中国所不用之以十二动物记年之制也。不论此十二属之远因何在，余颇疑突厥之记年方法乃假之于在突厥前称霸之种族，顾突厥假用蠕蠕（Avars）之制不少，殆亦为承袭蠕蠕者也。

沙钵略可汗之书，翻译似甚正确，可使吾人知当时作书之体例，以年月日置于书首，应为当时突厥之习惯。后至蒙古时代，始仿中国作书之式，而以年月日置于书尾。至其所载可汗名号，可以考其一部分之原名。"天生"显为后来突厥碑文中之 Tängridä bolmïs，据缪莱（Müller）之考订（*Ostasiat, Zeitschr*, VIII, 1919—1920, 314），相类之称，自匈奴迄于蒙古时代皆见有之。"贤"字必为毗伽（bilgä）之意译，此字在不少突厥及回纥（Ouigours）可汗名中有之。"天子"之称，乃仿中国之号，亦8世纪初年诸可汗名号中之tänritäg，此言"类天"也。其以下之"伊利俱卢设莫何始波罗可汗"可以还原为 El-kül-šad-bagha-(i) špara-qaghan，此名号中所用诸字，在他处尚见用之：El 曾译作"伊利"或"颉利"。颉利可汗，7世纪上半叶为唐太宗所擒之突厥可汗，乃一El-qaghan, ilkhan。6世纪中叶之土门可汗（Boumïn-qaghan），一称伊利可汗，亦其同名异译。"俱卢"得为 Kül 或 Külü 之对音，其 Kül 之号，在嗢昆（Orkhon）河碑文中见之，如阙特勤（Kül-tegin）或阙律啜（Kül-čor）之类是，此言"荣"也。"设"字在此处则用 šad 之寻常译法，莫何即名号中常见之 bagha。吐谷浑时已有莫贺之称（《通报》1921年刊329页），584年契丹王亦有斯号（《隋书》卷一），在黑城子 Karabalgasun 九姓回鹘可汗碑中并见著录，唯（i）špara 较有难题，此名必亦为沙钵略之对音无疑。此可汗在致隋帝书中自称始波罗，而隋帝复书则名之曰沙钵略，可见其是同名异译，此号在其他人名之中亦作沙钵罗（可参照沙畹《西突厥史料索引》）。又一方面，此（i）špara 及（i）šparag，与嗢昆河突厥碑文之 šb(a)ra 及 išb(a)ra 似皆为一字之转。其困难之点，仅在汉文译写不用清唇音而用浊唇音，然吾人应知者，此字或不出于突厥语（上述诸号类多如此），而在诸突厥方言中读法所不同。

可汗致书尚可注意者，不用寒暄之文，径言其事，如致书大隋皇帝文下，即言使人开府徐平和至云云，与蒙古时代君主之致书盖单简同。复次，突厥可汗尚未脱昔日突厥对待周、齐之骄气，而欲以对待分立之周、齐者，对待统一之隋，故用书而自称为天子，然其后未久即奉表称臣云。

三　古突厥之"於都斤"山

《周书》卷五十《突厥传》云"可汗恒处於都斤山"，曰玉连

(Julien)在其《突厥史料》(*Documents historiques sur les Tou-kiue*, p.11)中译山名作都斤山。考《隋书》卷八四,西突厥"东拒都斤",沙钵略可汗"治都斤山";《新唐书》卷二一五上"建廷都斤山"诸文,山名似作都斤,沙畹亦承认其是。然此山在嗢昆河碑文之中作 Ütükän 或 Ötükän,前者脱母森(Thomsen)、希尔特(Hirth)已有考订,沙畹当然亦注意及之。此一山名在中国载籍中亦作乌德鞬,或者并为乞①督军、郁督军之原名。

中国译名省略首一字者,固不乏其例,希尔特 *Nachworte*, 34,虽承认日玉连之未误读原文,唯在《通典》卷一九七又见有"於都斤"之名。盖其文云:"又於都斤山西五百里有高山。"《通典》之文与《周书》之文具有关系,必无疑义。第应知者,日玉连错误充满之"史料"译文,是否了解原文也。

《周书》原文②云:"可汗恒处於都斤山③牙帐东开,盖敬日之所出也。每岁率诸贵人祭其先窟,④ 又以五月中旬集他人水,⑤ 拜祭天神,⑥ 於都斤四五百里有高山迥出,⑦ 上无草树,谓其为勃登凝黎⑧,

---

① "乞"字应误,或为"纥"字。
② 此文并见《北史》卷九九及《通典》卷一九七,后由《通典》转录入《通志》卷二百,及《太平寰宇记》卷一九六中,其异文别详后注;至若晚见之撰述,若《文献通考》及《图书集成》,余以为无引证之必要。
③ 《太平寰宇记》作于都斤。
④ 西突厥则"岁遣重臣向其先世所居之窟致祭"(《隋书》卷八四)。此窟即突厥之祖与其狼妻同居之窟,在高昌国之北山,窟内有平壤茂草,周围数百里,经数世,子孙相与出穴,居金山之阳(《周书》卷五十)。此故事后流传于蒙古,Rasidu-d-Din 及 Abu-l-Ghazi 所记之 Argänä-qon 城,与《元朝秘史》所载蒙古祖先为灰色狼之说,皆此类也。
⑤ "他人"二字应是水名,"他"字在当时译名中已曾用之,如"他钵"(Tapar, Täpär?)是已。"人"字在译名中尚未见其例,其名似可还原作 Tažin, Tayin 之类,中国译写含有 z 音,可以摩尼文字 Mahrnâmag 中之 nižuk 证之。缪莱曾考订此名为中国译名"泥熟"之对音。
⑥ 西突厥每五月八日相聚祭神(《隋书》卷八四),《周书》、《隋书》所志之祭日固有不同,然可假定突厥在 6 世纪下半叶中有一种历算,或者有分别十日之月。
⑦ 《通典》此句之上多一又字,似为衍文,证以《北史》、《通典》之文,四五百里应为西五百里之讹。
⑧ 除《通典》、《通志》作"勃登疑黎"外,诸文皆作"勃登凝黎",疑字必为传写之讹。

夏言地神也[①]。"

由此观之，山名应作於都斤，只有《隋书》（与夫转录《隋书》如《册府元龟》卷九六七之文）或因脱误，或因句调，将其省为都斤；11世纪之《新唐书》，亦依《隋书》之例。按"於"字在译写中鲜见用之，然尝用"于"字，顾此二字音义皆同，在中国载籍中互用已久。于都斤之名虽仅一见于10世纪末年之《太平寰宇记》，他书之作於都斤者，或原作"于"，传写时改作於，抑误以"於"字为表义之字，而非译音之字也。

此于都斤山，与嗢昆河碑文之草木繁殖之 Ötükän 山（Ötükän-yis, Ötükin-yïs）或 Ötükän 地（Ötükän-yer），同为一山一地，绝无可疑。蓝母司退特（Ramstedt）在1913年所研究之 Sineusu 碑文，亦数见 Ötükän 或 Ütükän 之名，至若此名之解说，则皆怀疑不定。拉德罗夫以其为回纥语之 Ötü（-ödür, -otür-），此言选择、选举，然嗣后见 Utükän 一名，则又以之为本名，而不加以解说（*Die alttürk. Inschr.*，100，211—213）。脱母森（*Inscr. de l'Orkhon*，152；& *ZDMG*. 1924，173）虽思及突厥语之 ütkin, ötkin（此言锋

---

① 日玉连译作天神，此误易解，盖于此译名之中见有古阿尔泰语（或者非阿尔泰字，尤非突厥字）之 tängri 也。此字训"天"，已在古匈奴诸可汗名中见之。此字固训为"天"，然亦可训为"神"，此处之"地神"，应从此第二训。按突厥及蒙古，皆奉山为神，其山以汗（qan）或腾格里（tängri）附于名后之例，颇不少见。唯此名中之"勃"字较有困难，"勃"字在原则上或为 but, bur, bot, bor 等之对音，或为具有湿音韵母如 büt 等等之对音，抑其收声不用-t, -r, 而用-l, -z, 迦洪 Cahun, *Introd. ál'hist. de l'Asie*，58 会采用日玉连译文之"天神"，而还原作 But-tengri。顾 but 即佛陀（Buddha），古突厥语似尚未知之，古突厥语中仅见有 Burqan（burkhan）之号。纵在通常采用之假定中将佛汗（burqan）一号分析可以思有 Bur-tängri 之名，然此只能为一种假定。唯在古突厥语中，未见 bur 一字单用者；且于"地神"之上冠以佛号，其故颇难解也。其尤足使此问题复杂者，"勃"字在梵文译写中颇少见之，然在伊兰（Iran）、吐蕃（Tibet）、突厥（Turcs）名称之译写中，常见用之。有时对 but 等音，有时对 bat 等音，如 Bedel 之译作"拔达"或"勃达"，Badakhšan 之译作"拔特山"或"勃特山"，Bayirqu 之作"拔曳固"或"勃曳固"等例是已。除后一名见《资治通鉴考异》卷五二外，余详沙畹《西突厥史料》。考嗢昆河碑文中 böd 一字，此言帝位，或者其广义可以训为国土，然此种解释亦无神于此名之考订。黑城子（Karabalgasun）之九姓突厥可汗碑若不残阙，或者可以解决此项问题。史莱格（Schlegel）曾考订"爱登里"之对音为 ai tängri, 此言月神。既有月神，必有日神（kün tängri），碑文漫漶，虽不可识，似无有类乎 kün 字之字，意者后一登里（tängri）之前一字为突厥语地神之译音欤。

利，锐）得为其语源，然于此 Ötükän，Ütükän 名称，无他说明。吐鲁番（Tourfan）之诸写本，亦著录有其名称。勒苛克（von Le Coq）在其 *Manichaica*，I，12，& III，34，35 中，曾见 Ötükän 之名，最后两节有 el ötükän qutï 之语，此言"颉利于都斤之尊严"。班额（Bang）在 *Turkolog. Briefe*，II，*Ungar. Jahrbücher*，V，250 中将 Abaqan 山分释曰父（aba）汗（qan）山者，曾提议将 ötükän 分解为 ötü-kän 而释解其意为"经行之山"，此说仍然可疑。总之，勒苛克未曾解说之颉利于都斤，El ötükän 似为一神名，或一神化的祖先之名，则颉利于都斤犹言国民的于都斤。此外 Rasidu-d-Din 之蒙古史中又以 Ütükän 为回纥之一水名。

余以为此名或可用其他对照方法解说。按《周书》之文，突厥之圣地有三：一为所祭之先窟，一为他人水之天神，一为於都斤山西五百里勃登凝黎之地神；其地虽距於都斤有五百里，然在第二次言及於都斤山后言之，此於都斤山疑为一山系之总称，此勃登凝黎（Böd-tängri？）山，疑为一种崄峻悬岩。按蒙古人名地之女神曰 Atügän 或 Itügän，此 Itügän 余以为即是 Plan Carpin《行纪》中之 Ytoga，亦即 Marco Polo《行纪》中之 Natigay，可参考 Kovalevskii，*Dict*.，1718 & *T'oung Pao*，1927，184。又按《元朝秘史》第一一三节，中有 Atügän，汉译作地，或者即是 1362 年未刊本汉、蒙碑文中之 Ütügän。余在敦煌携归 14 世纪刊行之一蒙古诗，开首二句云，Ütügin äkä-yin dägär-ä/öbösügän-kuibägä ugäiü qočorba bi，此言"在吾母大地之上，余已孤立而无庇护"。考古突厥语中之形容词 qut，此言光荣、尊严，可适用于君主，亦可适用于神道；*Manichaica* 中之 El Utükän qutï 或者已为"国土之女神"也。设其为一女神，殆为嗢昆河突厥时代之同一女神，汉语之"神"一如突厥语之 tängri，得为男神亦得为女神也。

四 玄奘记传中之二突厥字

当629年（钧按应作627年）玄奘经行今日中属俄属土耳其斯坦而赴印度之时，其通过之地，皆属当时西突厥之疆域，则其译写若干突厥语已识之名号（虽实非出于突厥语者亦然），如可汗（qaghan）、可贺敦（qaghatun）、叶护（yabghu）、特勤（tegin）、设（šad）之类名称，亦无足异矣。然此外尚有二字，其一字早已为人所识，而不为突厥语专家所注意。其一字迄今尚未为人所考订，若将《南齐书》卷五十七所载之元魏官号，与《通典》录自6世纪末年一种撰述中之突厥语字除外，兹二突厥字实为最早见之突厥语字，其时在最古突厥碑文前百年。

日玉连（Stanislas Julien）所译《西域记》（第2册463页）索引中 Oulak 一字，即汉译之"邬落"，突厥语"驿马"之谓也。此"邬落"译名，在《大慈恩寺三藏法师传》中凡两见，此7世纪初年之译名即突厥语之 ulaq 与 ulagh，蒙古语之 ula'a，满洲语之 ula，确无可疑。然拉德罗夫 Radlov 之字典，瓦特司 Watters 在其 *Essays on the Chinese language* 374 中，劳费 Laufer 在1916年《通报》492页，皆未注意此首见于中国载籍之译名。

由"邬落"一字之考订，可以求玄奘所志别一字之解说。按《慈恩寺传》，玄奘至素叶城，逢西突厥可汗，可汗令达官"答摩支"引送至衙安置。此"答摩支"似属人名，实为官号，观其名尾之支 -ci 可以证之。考其对音，或作 tapmači，或作 tamači，则昔有一 tamači 官号，未经古突厥语文件所著录，然为13世纪蒙古时代之载籍证其有之，此名在蒙古时代乃指一种特别骑兵队伍〔可参考余在1924年《东方基督界杂志》（*Rev. de l'Orient chrétien*）中所撰"蒙古与教廷"一文〕。tamačin 或 tamači，出于 tama，后一字亦在13世纪蒙古语中见之。除余前此所引诸例外，此字应亦为《辽史》卷一一六契丹语名挞马（tama）之对音，《辽史》名扈从之官曰挞马。要之此阿尔泰语之 tamaci，首见于《慈恩寺传》，然不能断言其原为突厥语抑为蒙古语，① 只能知其先为扈从之官，后为前锋之士而已。②

五　汉文突厥文译写之一特点

突厥文阙特勤（Kül-tegin）碑文志有一中国人名 Likän 者，其人应是唐玄宗派往吊祭之吕向。③ 唯吕向二字之音，古读若 Liwo khiang，以突厥文译写，应作 Lükän，而非 Likän，然此种特别写法，不止一见。汉字之"处"字，在若干突厥语译名中用之：据余所知，无一字能确实求其对音者也。然余在《通报》（1923 年 347 页）中，曾以为在 Kāšghari 书中之 Čomül（读若 Čömül. Čümül, Čömil）获见处密部落之原名，"吕"字古韵母与"处"字古韵母绝对相同，则其解决之法皆同矣。按突厥语译汉语之古-iwo 韵母，有时作-i，有时作-ö（-ü），有一中国古韵母-iwo 在突厥语作 i 之例，似在突厥处月部落一名中见之。④ 此名似可考订为 Čigil，然此 Čigil 或亦为葛逻禄（Qarluq）三部落中炽俟部落之对音，故将此处月问题暂时不言。⑤ 沙畹《西突厥史料》中之初罗漫、时罗漫、折罗漫（别有析罗

---

① 唐代有一乐名达摩支（常误作达摩友，亦作达摩之），其为译名无疑。然音既未定，义亦不明，尚未能知其本于何种语言也。
② 尚有一字，余以为亦属突厥语字，其著录亦在突厥文件之前。8 世纪上半叶撰《唐六典》卷三，所志北庭之出产，有兽角名"速霍"，《通典》卷六作"速藿"。劳费在 1916 年《通报》347 页，及 1916 年《通报》348 页，曾引《唐六典》之文，然未得其解。余以为此"速霍"之对音，似为 suqaq (soqaq?)，应是 Qutadghu bilig 中列入其他有角动物中之 soghaq (suqaq?)，然迄今未详何物（可参考《拉德罗夫字典》第 4 册 528 页）。
③ 案吕向《新唐书》卷二〇二有传，向字子回，或曰泾州人，722 年召入翰林。时玄宗遣花鸟使采择天下妹好，向因奏《美人赋》以讽。《全唐文》卷三〇一录有向文三篇。五臣注《文选》，向即五臣之一，向名并见《历代名画记》卷九引《韦述集贤记》。
④ 中世纪汉语 ng-之发声，唐人译写例用 g-，可参看 1911 年刊《亚洲报》525、528 页。关于 Cigil 者，可参看 Marquart, *Osteurop. u. Ostasiat. Streifzüge*, 76; Brockelmann, in *Asia Major*, Hirth Anniv. v. 10; W. Barthold, *Turkestan*, 254, 317。
⑤ 此种考订，在一定限度中系于"俟"字之读法，余将于附说中讨论之。

漫，应是折罗漫传写之误），或亦应参加于此考证之列，惜不知其原名为何也。

总之，以汉语之-iwo译写作-i之例，今在唐末吐蕃字译写汉字之写本中，得一显著之证明，巴黎所藏此种本不少，除《千字文》残本外，其余尚未刊布。则余所据以研究者，要以Thomas及Clauson二君在1926及1927年《王家亚洲协会报》（JRAS）中所刊布者为主。此类写本写法不一，例如子（tsi）字写作či，ce，ci等体，唯其中有脱讹之处不少，亦有字形相类而致误读者。但此种文件在全部中，皆以外国人耳闻汉字之音，译写为外国之语，其可贵者即在此也。

刊行之文中不见"吕"字，然昔日具有相类尾音之字颇不少见，俱kiu字及具giu字，在吐蕃语中译写作ku及gu，而古读有-iwo尾声者，一概译写作-i，如《千字文》中之庶（siwo），译写作ši；又如疏（siwo），译写作ši；《王家亚洲协会报》中，女（niwo）读ǰi；语（ngiwo）读gi；虚（khiwo）读hei，于iwo读i，与iwo读yi；去（kiwo）读khe，处（t'siwo）即读若ci，又在若干汉字之读法中，-i及-u互读者，例如诸（t'siwo）字有či，či，ču等读法，汝（nziwo）有že，ži，žu等读法，所（siwo）有ši，še，šu，šei，šui等读法。观此诸例，足证阙特勤碑吕向之写作Likän之非误。

考此种译写纷歧之理由，殆因一部分受方言之影响。吐蕃之译写，昔在甘肃为之，今日甘肃尚读"去"若khe，与吐蕃之译写相合也。第若谓在阙特勤碑特求甘肃之发音，则未免超过限度。中国古语对于兼有唇、颚二音之字，任在何时，皆以属音之唇音韵母与颚音韵母互用。其显明之例，则在龟兹之"龟"读若"鸠"，切勿以其为独见之例。昔有大多数字兼具-u（o）与-i之音，时常互用；分析此类字之音，可以求其最古之音。唐时吐蕃译写方法之寻究，不仅可以解决一种小小碑文问题，将使吾人在一种簇新根基之上，解决别种问题，而非用此法不足以阐明也。①

附说：魏唐译语中俟字之音读

俟者，待也。古读若 dẓi，今应读若 chè，然今实读若 sseu。沙畹《西突厥史料》读炽俟为 Tch'e-sseu，似为此名朱斯（T'siu-sie）别译所证实，且在少数读法中炽字读若 t'siwo，但此问题实不若是之单简。考字书中俟字读法有三：（一）床史切，音仕 dẓi（šǐ）sseú。（二）渠宜切，音奇 gjie＞k'i。（三）于纪切，音矣 ji＞yi。希尔特（Hirth：Nachworte，109—113）对此三种读法，踌躇不知所取。沙畹常读若仕，缪莱（M. F. W. K. Muller：Ostasiat. Zeitschr.，VIII，317—318）曾采用一种 il 或 ir 读法，然未言此种读法等若"奇"抑等若"矣"。其实"矣"音不成问题，昔已有若干人取其"矣"字之音者。盖"仕"字之音在流行之读法中作去声读，已与《诗·鄘风》"人而无止，不死何俟"上声不叶。然《诗经》古注未言其有"矣"音也，则所存者"仕"、"奇"二音而已。考北魏时外国名号中用"俟"字者不少，音注常读若"奇"，中国载籍中之音释虽不可尽信，然对于此字众注皆同，尤与在用俟字之名号中须用一种强喉音发声之例相合。沙畹所引之"朱斯"，或者出于昔人之一种误读，而误以"奇"音读若仕，或出于吾人所不知之他种原因。然余以为"炽俟"之俟亦读若奇，唯以炽俟对 Čigil 无齿音收声为不合耳。缪莱固读"俟"为 il 或 ir，如以俟斤作 ìrkin（erkin, erkän），俟利发作 iltabir（或 eltä bär），此种假定赞成之人不少。当其发表之时，余亦欲作相类之提议，言其发音并无难题，盖吾人知中国译写突厥名称，而用

---

① 在此讨论中，或须引证一种更古之译写方法，匈奴带钩之译名，有鲜卑、师比、胥纰、犀毗、私鈚五名，胥纰（siwo-bji）为《史记》译名，只有此名独有一种唇音韵母，而此韵母在匈奴字中昔似无之，顾此 siwo 即属于吾人根据突厥、吐蕃译写方法所研究同类之字也。

仅有 alif 之强喉音之例不少，此种喉音固常为 gh-而非 g-。然《唐书》释音（《新唐书》卷后关于卷二一五下、卷二一七上、卷二一八、卷二一九者）特注其第一字之音应读若奇。考《旧唐书·西突厥传》所举官号，俟斤之外别有乙斤，此乙斤似即 irkin（erkän）。《旧唐书》以同一官号译作两名（如《新唐书》卷二一五上分别俟利发之类），固颇有其可能，然不能谓其显然必是也。以俟利发对 iltäbir 或 ertäbir，亦不无难题。缪莱在 *Uigurica* II. 94 & 96 中，曾言颉利发即为嗢昆河 Orkhon 碑文之 iltäbir，由是并证明俟利发及俟利伐根本即是颉利发。按颉字在若干可汗名号中为 el 之对音，固无疑义，而常用颉利二字全写其音，亦无可疑。顾俟字从无收声声母，不应独以此字写 el，而应用俟利二字全写其音，则俟利发及颉利发不应以俟或颉代 el，又加利发代 täbir，而应以俟利或颉利代 el，又加原文不明之"发"也。① 又况利发颇难为 täbir 之对音欤。在极少见之例中，汉语固以 l-代突厥语之 d-（例如可汗名号中之 tângridä 以罗 lâ 代 dä），然余不知汉语之 l-可代突厥语之 t-也。由是观之，则以葛逻禄 qarluq 炽俟部落为 Čigil 似乎甚难。余在此处所言者，非希尔特 *Nachworte*, 109 所言之颉斤，此名似仅在汉文阙特勤碑中见之，此名应读若颉斤，而不必读若俟（音奇）斤，又非沙畹《西突厥史料》中之簸斤，此名第一字不知作何读法，亦非《魏书》卷一一三之俟力伐，余意仅在引起世人所视为一种业已解决的难题之讨论而已。尚

---

① 1911 年在吐鲁番发现 575 年之碑文，其中高昌王号已漫漶不明，然希利发三字尚可辨识，可参照罗振玉《雪堂金石文字跋尾》。此名之发音虽为开喉音，可假定其为俟利发、颉利发等名之别译。王国维在《观堂集林》所辑此类名号不少，唯误引诃黎伐失毕一名，史文实作诃黎布失毕，其对音疑为 Haripuṣpi，即梵文之 Haripuṣpa，与俟利发等名毫无关系。此外尚有以伐或发字殿尾之名号。《新唐书》所载突厥官号中有吐屯，当然为 tudun 之对音。《太平广记》卷二五〇引一文，谓突厥之吐屯即汉之御史。顾在唐代之前，据《周书》、《隋书》所志，又有吐屯发，此名并见于吐鲁番之纪元 600 年时一抄本中。又在 575 年之吐鲁番碑文中作錀屯发，则此官号必是用吐屯与发结合而成，而此发字与俟利发或颉利发之发字情形相同，疑为突厥假之于蠕蠕的官号之一种。而在中国史籍所载之蠕蠕官号中尚可见之，例如蠕蠕可汗名号中有邱豆伐，"邱豆"似为匈奴单于名号中之孤涂，而此伐字殆与吐屯发、颉利发等官号中之"发"意义同也。

须附带言及者,俟(音奇)斤与erkin,虽有种种比对之可能,然余以为此名之译法,殆为省略中间流音字之译法,如毗伽(bji-gia)与苾伽(biĕt-gia)。互译bilgä之例,则此事不致使俟字有一收声声母之读法矣。①

六 汉文毗伽可汗碑

中国载籍记述毗伽可汗(Bilgä qaghan)殁于734年,②玄宗诏宗正卿李佺吊祭,因立庙,诏史官李融文其碑(《新唐书》卷二一五下)。《旧唐书》(卷一九四上)则云诏宗正卿李佺往申吊祭,并册立伊然,为立碑庙,仍令史官起居舍人李融为其碑文。

李佺吊祭之事,并为突厥文毗伽可汗碑所著录,而名其人曰Lisün③。今人对于李佺之说明,似仅限于《新唐书》与突厥碑之文,然尚有他文可供考证也。

---

① 《隋书》卷十四著录龟兹乐名俟利建,虽有古郎Courant撰中国古乐 *Musique classiquedes Chinois*,96与烈维S. Lévi(1913年《亚洲报》2册352页)之假定。此种乐名尚在未识之列,仅有般瞻可对波斯语之panjum及梵语之pāncama而已。此外可参照伊嗣俟Yazdgerd一名之译法,与万俟一姓之读法。

② 此非今本新、旧《唐书·突厥传》所志之年,《旧唐书》所志阙特勤与毗伽可汗之殁年概为732年。《新唐书》志阙特勤殁于731年,然于毗伽可汗之殁未著何年。新、旧《唐书》所志殁年皆误,盖突厥文毗伽可汗碑所志之殁年确为734年也。就事实言,今本《旧唐书》必有脱误,其所志之事,必依年代之先后,乃先既云二十年(732)阙特勤死,后又云二十年小杀(毗伽)为其大臣所毒死,两言二十年,其年必有一误。顾阙特勤殁于开元十九年,前一年代似误,然误十九为二十,又为字形所不许,但毗伽可汗之殁年确误无疑。考《太平寰宇记》(卷一九六)所志此事,与《旧唐书》之文几尽相同。然其志阙特勤之死,在开元二十年(732)。毗伽可汗之被毒,事在开元二十三年(735)。二十三必为二十二之讹,由是可能证明旧书二十下脱二字,则其古本所志毗伽可汗之死,应在734年。希尔特(Hirth) *Nachworte*,123根据《册府元龟》(卷九七五)一文,以为毗伽可汗殁于开元二十二年十二月庚戌,质言之735年1月21日。此说大误,盖是日乃玄宗获知毗伽可汗身死之日,下诏命择日举哀;设若毗伽殁于1月21日,其讯不能于同日达于洛阳。《册府元龟》(卷九六四)又以毗伽之死事在开元二十年与《旧唐书》同,亦一误,后别有说。《资治通鉴》(卷二一四)于735年1月21日下并志毗伽之死、伊然之立与卒、及其弟登利之立等事,此文后亦有说。其中国载籍最后著录毗伽可汗之年,一为《册府元龟》(卷九六二及卷九九九)苾伽表请画工六人之开元二十一年(733),一为《册府元龟》(卷九七九)所志之开元二十二年(原误三十二年)。

③ 突厥语译汉语ts-,声母,有时用ts-,有时用s-,然用s-之译法较古,如译将军为sängün是已。

新、旧《唐书》皆谓宗正卿李佺,《册府元龟》(卷九六四、卷九七五)所志亦同。按宗正常以宗室为之,考《新唐书》卷七十上《宗室世系表》,著录有宗正卿佺,其人为李虎子李亮曾孙,亮在隋时(约六百年顷)为赵兴太守,则其曾孙仕于734至735年间,毫无不合,名与官位既同,必为一人无疑。

李佺之奉使,并见汉文毗伽可汗碑文,此碑已残。德费利亚(Devéria)在《嗢昆古迹》(*Antiquités de l' Orkhon*)中所考释者,错误最多。《灵鹣阁丛书》中《和林金石录》所考亦劣,至若沈曾植、王国维根据拉德罗夫(Radlov)地图之释文,余今未见。别有1921年署名释持者之考释,后再言之;拉德罗夫 *Atlas Alterthümer der Mongolei* 地图第二十一面所拓之本已不甚佳,设就原拓本考之,所得当不止此。

考此碑现存残本,撰文者之官号上阙四字,下云"散郎起居舍人内供奉兼史馆修撰",下一字疑为臣字,再下为李融奉三字。融字仅存左半,奉字下空一字,其下应为敕撰二字。新、旧《唐书》皆谓其人为史官,《旧唐书》并言其人为起居舍人,与碑文合。其人不知为何许人,亦无假定其为宗室之理由。然汉文毗伽可汗碑文撰者之名,则确然不误矣。

至若碑文之内容,兹无原拓本,未便作全部之研究,仅言其有关系之若干部分而已。其第十五行著录开元二十二年,必关系毗伽可汗之死。第十六行"制叔父左金吾卫大将军李佺持节吊祭",第十九行"(登)利可汗虔奉先训","因使佺立象于庙,纪功(于)石",第二十三行"廿三"两字之上,元字尚可辨识,"元"字上必为"开"字,则此碑刻于开元二十三年(735)矣。

右录残文,两言李佺,并志有不见于新、旧《唐书》之事,碑文谓立象于庙,足证其与前者张去逸、吕向为阙特勤刻石造像之事相同。

碑文谓李佺为玄宗之叔父，此处叔父犹言从叔。顾玄宗实晚于李佺两代，而为其第十等亲。别有一文谓李佺为玄宗之从叔，则此名称与吾人所称五等亲之从叔不同矣。

复次，碑文所载李佺之官号非宗正卿，而为左金吾卫大将军，核以《旧唐书》本纪卷八，开元二十二年"六月乙未（734年7月10日），遣左金吾将军李佺于赤岭，与吐蕃分界立碑"之文，与毗伽可汗碑文所志官号适合，赤岭在今西宁之西，734年遣李佺赴赤岭事，《旧唐书·吐蕃传》、《册府元龟》卷九八一并见著录。

别有一证明毗伽可汗碑李佺官号之文，颇为重要，缘其引起若干难题也。是为张九龄撰玄宗敕突厥登利可汗书，现无《曲江集》，兹据《全唐文》卷二八六录其文于左：

> 敕突厥登利可汗：日月流迈，将逼葬期，悲慕之心，何可堪处。朕以父子之义，情与年深，及闻宅兆，良以追悼。前哥利施颉斤①至，所请葬料，②事事不违。所以然者，将答忠孝，故丧纪之数，礼物有加，道之所存，地亦何远。今又遣从叔金

---

① 哥利施颉斤一名之颉斤，应是突厥官号之 erkin，唯哥利施一名较难解决。《新唐书》卷二一五下，谓毗伽被毒以前，曾遣使臣名哥解栗必至长安（其人在734年4月曾入朝，事见《册府元龟》卷九七九，唯误作开元三十二年，使臣之名则作哥解栗必），书言请葬料，或即其人，则其名似有脱讹。又据《全唐文》同卷所载另一致毗伽可汗书，有使臣名哥解骨支，惜不知此书作于何年，唯知其作于夏末。《册府元龟》卷九七五志有731年5月4日之突厥使臣，名"哥解骨支比施颉斤"；又卷九七一开元二十三年正月（735年1月29至2月26日）使臣名"哥解骨支车鼻施颉斤"；又同卷737年初使臣名同，唯脱施字，731年、735年、737年之使臣显系一人，应以哥解骨支车鼻施颉斤一名为是（前一名比施上脱车字）。案车鼻施在突厥名号中颇常见之，盖为突厥官号 Čapiš 之对音，此名在 *Mahrnāmag*，p. 11 中见之。缪莱（Müller）假定此名为鄂斯曼（osmanli），突厥语中 čauš 一名所自出，由 čapiš 复转为 čauš，汉译车鼻施则为 capis 也。所余之哥解骨支，昔读若 qaghaiquč，或 qaghai，如 quč，设若731年及735年之使臣亦即734年《新唐书》之哥解栗必，与《册府元龟》之哥解栗必，其文既有脱讹，难为何种考订。设非一人，哥解得为哥解部落之同名异译。然"骨支"对音则无从索解。复次玄宗致毗伽书中之"哥利施"得为省写，仅留首尾一字，而讹其中间一字，则哥利施可以证《新唐书》哥解栗必之"栗"字非误矣。

② 所关系者必是突厥碑文中所载之檀香，参照 Thomsen, *Inscr. de l'Orkhon*, p. 130。

吾大将军佺持节吊祭，兼营护葬事。佺宗室之长，①信行所推，欲达其情，必重其使，以将厚意，更敦前约。且以为保忠信者可以示子孙，息兵革者可以训疆场。故遣建碑立庙，贻范纪功，因命史官正辞，朕亦亲为篆写，以固终始。想体至怀，春初尚寒，②可汗及平章事部落并平安好。遣书指不多及。

吾人之困难尚未完全解决也，玄宗致登利可汗（Tängri qaghan）书，事在735年2月，乃毗伽可汗与登利可汗之间，尚有别一可汗。《新唐书》卷二一五下，于李融文其碑语下云："国人共立其子为伊然可汗。伊然可汗立八年卒，凡遣使三入朝，其弟嗣立，是为苾伽骨咄禄可汗（Bilgä qutlughqaghan），使右金吾卫将军李质持册为登利可汗。明年遣使伊难如③朝正月献方物，曰礼天可汗如礼天，今新岁献月，愿以万寿献天子云。"其后《新唐书》记述登利母之事，《旧唐书》关系此事之文见后。

李质册封之年，确无可疑，《册府元龟》卷九六四于740年下云："是年遣右金吾将军李质赍玺书入突厥，册立登利为可汗。"同卷并将是年4月26日册文完全转录，册文谓李质为玄宗之从弟。

根据此种史文，似伊然可汗继承其父毗伽可汗，而立于734年，后至740年，其弟毗伽骨咄禄可汗一号登利可汗者，又继其兄伊然而为可汗，此登利可汗被杀于741年，是为沙畹《西突厥史料补》（1904年刊《通报》）所志之年代。唯734至740年，与《新唐书》伊然可汗立八年卒之文不符。加之740年登利即位之说，又与其他史

---

① 隐喻其为宗正卿。
② 唐代公函中，大致殿以寒暄之辞，此处"春初尚寒"一语，颇为重要，足证其书作于是年正月，则在735年1月29至2月26日之间。李佺既在734年7月10日使于吐蕃，归朝之时必不甚久，复被派往突厥，盖毗伽可汗突厥文碑文，李佺参与毗伽可汗葬仪之时，在735年之中也。
③ 案伊难如之对音必作İnanju或İnanžu，中国载籍亦作伊难珠，《嗢昆碑》文亦作Inanču，《册府元龟》卷九八○又作伊斯难珠，考Mahrnâmag中有Iznāču，殆即其对音也。

文不合。盖735年玄宗之致书,乃至登利可汗,而非致伊然可汗者也。且碑文中确著录有登利之名,然则此种难题如何解决欤?

据《资治通鉴》卷二一四之文,毗伽可汗之死讯,至735年1月21日始达洛阳。《册府元龟》卷九六四之文,与《旧唐书》之文,皆误以毗伽可汗被毒杀事在732年。《元龟》文并云:"国人立其子为伊然可汗,诏宗正卿李佺册立。"又注云:"伊然病卒,立其弟登利可汗。登利,华言果报也"①。

观其注文,伊然可汗在位之时似乎甚短。又考《旧唐书》卷一九四上所志此事较详,其志李佺吊祭李融为其碑文之后云:"无几,伊然病卒,又立其弟为登利可汗。登利者,犹华言果报也。登利年幼,其母即暾欲谷②之女,与其小臣饫斯达干③奸通,干预国政,不为蕃人所伏。登利从叔父二人分掌兵马,在东者号为左杀(şat, sad),在西者号为右杀,其精锐皆分在两杀之下。二十八年(740),上遣右金吾将军李质赍玺书,册立登利为可汗。俄而登利与其母诱斩西杀,尽并其众,而左杀惧祸及已,勒兵攻登利杀之,自立,号乌苏米施可汗(Ozmis qaghan)。左杀又不为国人所附,拔悉蜜

---

① 案登利(tängri),突厥语训为天或神,与果报之意甚远。
② 暾欲谷即著名之 Ton-uquq,亦即 Radlov 与 Thomsen 译写之 Tonjukuk。此名之两半,分见于汉文译写的数种突厥名号之中。初716年阙特勤尽杀默啜时用事诸臣,唯暾欲谷之女婆匐为毗伽可敦独免(《旧唐书》卷一九四上,《新唐书》卷二一五下)。婆匐之名,三见《新唐书·突厥传》,并见《新唐书》卷二一七下《葛逻禄(Qarluq)传》,为三族中一族之称。案匐字常用以译写突厥之 bäg 官号,婆婆二字,在中国载籍中时常不分,暾欲谷之女必名婆匐,即已见于嗢昆碑文之突厥名称 Säbäg 也。《册府元龟》卷一八六曾名之曰骨咄禄婆匐可敦(Qutlugh Säbäg qatun),可以证已。又如759年即位之回纥可汗(即输入摩尼教于回纥之可汗),其可敦在762或763年时经中国加册为婆墨光亲丽华毗伽可敦者,史文(《旧唐书》卷一九五,《册府元龟》卷一九六)谓婆墨华言得怜,是亦 Säbäg 之义,然则为婆匐之讹。《资治通鉴》即作婆墨,胡三省自已注其音也。复次回纥部落有名仆骨者,其酋亦有婆匐俟利发之号(《新唐书》卷二一七下,并参照《观堂集林》二〇,一四)。
③ "饫斯达干"一名中之"达干",当然为 tarqan 之对音;饫斯,《新书》卷二一五下、《太平寰宇记》卷一九六,皆作饫斯,顾《寰宇记》从《旧唐书》之文,《旧唐书》原文必亦为饫斯,则其原名殆为 Uz-tarqan 矣。

(Basmïl)部落起兵击之，左杀大败，脱身遁走。"①

则此问题应提出如下文，《新唐书》谓"伊然可汗立八年卒"，然在事实上，自734至740年实仅6年。740年伊然卒，李质往册封伊然之弟为登利可汗，登利之母不为国人所服，741年左杀攻登利杀之。然《旧唐书》乃云："无几，伊然病卒。"然则与伊然在位数年之说不合矣。在此情况中，暾欲谷女之致左杀之叛，乃在6年之后，叛前不久，740年时，李质"又册立登利为可汗"，殆因伊然可汗未受册封，故仅名伊然，设若不死，或者自为登利可汗，735年李佺之所册封者得为此人。顾其人已死，李佺遂以同一册封文册封其弟欤。

暂时余采此说，余未始不知此说之薄弱，盖欲持此说，须特重"又"字。且740年李质又以同一汗号册封之事，颇不可解。案762至763年有"加册"回纥可汗之例，此处或者亦为一种加册，欲调和记载不同诸文，只能作是解也。否则玄宗735年致登利可汗书，而碑文中又有登利可汗名，则不能不承认《旧唐书》误以伊然在位不久死，而伊然在735年、其弟又在740年皆受同名之册封，但此例在突厥诸可汗中未见有之也。

附说：阙特勤之丧

阙特勤之死，事在731年。《册府元龟》卷九七五尚保存玄宗致毗伽可汗吊丧之书。玄宗于731年5月13日闻阙特勤之死讯，是年十一月（731年12月4日至732年1月2日）诏张去逸、吕向赍玺书往吊（并见《册府元龟》卷九七五）。《旧唐书》卷一九四上云："二

---

① 登利可汗被杀于741年，乌苏米施可汗确在744年为拔悉蜜部落所杀，传首京师。然741至744年事变之详情，与夫回纥代突厥初兴时之状况，史文所志不同。乌苏米施可汗不能必其为左杀，如《旧唐书》之文也。但在此处余不能详究其事，欲为此种讨论，须作一种全部论文，尤应衷辑散见于《册府元龟》中之史料。至关于此二问题所引起之难题，可参考《资治通鉴》741至744年下之注解。

十年（应作十九年或 731 年）阙特勤死，诏金吾将军张去逸、都官郎中吕向赍玺书入蕃吊祭，并为立碑，上自为碑文，仍立祠庙，刻石为像，四壁画其战陈之状。"《新唐书》卷二一五下所志较详，其文曰："十九年阙特勤死，使金吾将军张去逸、都官郎中吕向奉玺诏吊祭，帝为刻辞于碑，仍立庙像，四垣图战阵状，诏高手工六人往，绘写精肖，其国以为未尝有，默棘连①视之必悲梗。"

《册府元龟》（卷九六二及卷九九九）志有画工写真事，其文云："突厥苾伽可汗开元二十一年十一月（733 年 12 月 11 日至 734 年 1 月 9 日）②遣其大臣葛阿默察之③来朝，献马五十匹，谢恩也。初苾伽之弟阙特勤死，苾伽表请巧匠写其真，诏遣画工六人往焉；既画，工妙绝伦，突厥国内未之见者。苾伽每观画处，歔欷如弟再生，悲涕不自胜，故遣察之谢恩，且送画人也。"

七 摩尼教之默奚悉德

摩尼教经前由沙畹及余在 1913 年《亚洲报》（上册 105 至 116 页）所刊布者，乃现藏巴黎之"伯希和残卷"。其卷首为斯坦因（Aurel Stein）所得，现在伦敦，余现预备将此"斯坦因残卷"译出。考此经汉本之译年为 731 年。斯坦因残卷诸要文中，著录有摩尼教会五等阶级之称，其名如下：（一）十二慕阇（moza），译云承法教道者；（二）七十二萨波塞（ispasag），译云侍法者，亦号拂多诞

---

① Bang 及 Marquart，皆以为骨咄禄可汗之子毗伽可汗默棘连、与骨咄禄可汗之子默矩同为一人，此名首一字之对音似为 bäg，然全名今尚未能还原。《亚洲学术杂志》（1921 年 11 月刊第 2 号）署名释持者，撰有《唐代嗢昆河三汉文碑之考证》一文，谓土人名阙特勤为"秋王"，而名毗伽可汗碑曰"《莫纪邻王碑》"，吾不知其何所本。今之蒙古人能直接获知突厥墓碑之传说，似尚无可能，殆闻诸中、俄人之口，而讹"阙"为"秋"也。

② 《册府元龟》卷九六二仅言开元二十一年，未著何月。卷九九九则志其事在十一月，唯年号误作开元十九年，顾前条之文作十九年，后条作二十三年，此条不应再标十九年，其误显然，且其事实在二十一年也。

③ 其人不知何许人，其原名或为 Qara-bäg Čač，然葛阿古读若 kât-â 与 qara 之译写未合，此外若还原为 Qat-äbäg Čač 又不甚相类。

(furstadan)；（三）三百六十默奚悉德（maghistag），译云法堂主；（四）阿罗缓（ahlavan），译云一切纯善人；（五）耨沙喭（niyosagan），译云一切净信听者。此种名号吾人皆已识之，唯其等次与其仿宇宙之数目的组织，记载无如是之详耳。

伊兰语 maghistag 之号，在此残本中汉译名曰默奚悉德。考黑城子（Karabalgasun）九姓回纥可汗碑，所志输入摩尼教之文，其第八行傒悉德三字之上阙二字，前此考释皆未能悉其义（1913 年《亚洲报》上册 192 页、197 页）。兹乃悉所阙二字之下一字必为"默"字，又同一碑文第十行德字上阙数字，疑其阙文亦为同一名号。①

余在此处仅限于纠正 15 年前余与沙畹所释此碑中关系摩尼教文中之一错误。然颇希望同作此类研究者，取其全文再事考证。史莱格（Schlegel）之释文错误充满，今人所知之康居语（Sogdien）已不为少，应可取此碑康居文碑文寻究之，而补汉文碑文之阙云。

八　唐代之一蒙古字

前此未久，余曾主张吐谷浑似为操一种蒙古方言之种族（1921 年《通报》323 至 330 页），并假定具有蒙古语的复数之官号，若达干（tarqan 复数作 tarqat）、特勤（tegin 复数作 tegit）之类，殆由突厥（Turcs）假之于蠕蠕（Avar）者，而蠕蠕昔日所操者亦为蒙古语也。② 然前此检寻中国古籍，尚未见有证实此种名号特为蒙古语名而

---

① 慕阇，名号或者再见于碑尾，考嗢昆河碑文第三十一图所载碑文之第 22 行 25 字至 28 字，文曰"闻口阇名"，其阙文应是慕字。惜余无此后数行之拓本，甚愿俄国僚友取拉德罗夫（Radlov）之拓本考之。

② 可参考《通报》1915 年刊 687 至 689 页，又 1927 年刊 151 页，余所撰"中国突厥名称之起源"一文。然在事实上说明突厥（Türk）之用蒙古语名复数之 Türküt 者，尚有马迦特（Marquart）君。海斯（J. J. Hess）君亦将其在 Der Islam，IX（1918），90—100 中所撰一文见示，亦自以为表示突厥即 Türküt 对音之第一人。并告余云，其文在 1914 年时已在印刷中，则吾三人之说不谋而合矣。虽不能保证其必为真理，要可加增其分量。

非突厥语名之文。① 兹余以为有一例可引：

813 至 814 年李吉甫所撰之《元和郡县图志》，于汉名之外，引证有若干土名。例如卷四十蒲类海下云："俗名婆悉厥海。"此名显为近代 Bars-köl 及 Barköl 名称之所本。② 又卷十四云中县下云："纥真山在县东三十里，'虏'语纥真，汉言三十里。""虏"者，唐代以前南人呼北魏人之称，唐时以名吐谷浑，并常以之名吐蕃。案纥真之"纥（-ghur）"，在唐代初年于回纥（Ouigours）（Uïghur）译名中用之，"真"字在同一时代常用以译为 čin 之音，则纥真在原则上代表 ghutčin, ghurčin 之对音，或因类似，代表 ghučin 之音，顾此 ghučin 即为蒙古字，此言"三十"，而突厥语中之三十，则为 otuz 也。准是观之，纥真山在唐时即作三十（里）山之解矣。此种成绩，不特应为蒙古语言史所当注意，且于古代操此语言诸部落方位之考订，亦不无关系云。

九　吐鲁番之数种文书

缪莱（F. W. K. Müller）与勒苛克（von Le Coq）二君在柏林研究院之"专著"*Abhandlungen* 及"记录"*Sitzung-sberichte* 中，已将吐鲁番（Tourfan）诸文书所提出之问题阐明不少。然有若干不明之点，若辅以共同之努力，或可阐明其一部分。故余在此处所寻究者，非文书之全部，仅为若干片断考证而已。

（一）缪莱撰"吐鲁番发现之两种柱刻文"（F. W. K. Müller, *Zwei Pfahlinschriften aus den Turfanfunden*, Berlin 1915），按此刻文一面为回纥文，一面为汉文。

---

① 兹将可汗（qaghan）、特勤（tegin）、达干（tarqan）等等官号略而不言者，盖余即因其为发源于蒙古语之名称。而突厥人采用甚早，致使有若干人尚视之为真正突厥官号也。

② 此名在《旧唐书》卷四十作婆悉海，此 Barköl 一名所引起之难题，以及故高昌国唐代行政区域名称之混乱，余非不知之，然必须特撰一文，始能将此种极复杂之问题试为解决也。

回纥文中有一 sat 字，缪莱君谓其义未详，然此为建寺时所树之木柱也。刻文对于 s、š 二字母不为分别，疑应读若 šat，是即汉文刹字之对音。刹者原似为寺前所立之竿，设在此处即指刻文之柱，可以推想其名已由古竿改称短柱矣。格鲁特（De Groot：*Thupa*，p.7）曾谓"刹"字必为梵文支提（caitya）之译音，其说非是。流行之解说（可参考 Chavannes, *Dix inscr. de l'Asie Centrale*，235）则谓刹字为剌字之讹，而为 laṣṭi 字之省译（古梵语作 yaṣṭi，巴利 pāli 语作 laṭṭhi-yaṭṭhi，今印度语作 lat）。此说在字义方面固不失为充足，第谓佛教中常用之一字皆有字误，未免可异也。兹不论其语源为何，刻文中回纥文之 sât (šat) 似为汉文刹字之对音，而直接假之于汉文者也。则应说明者，缘何译写为 šat 而不作 čat，殆其所本之中国方言读刹作杀（ṣat）欤？抑因回纥语 š- 与 č- 之互用欤？此例在蒙古语中颇不少见。至在突厥语中，可参照：šatu 与 čatu，此言梯；šarvagh 与 čarbaq，此言宫，等例（Bang, *Manich. Hymnen*，43—45）。其假用此字于汉语之时，似乎尚古。盖自唐代中叶以后，汉语有 -t 之收声者，在回纥语中或作 -r 也。

汉文刻文首题癸未年五月二十五日辛巳，缪莱君谓年号仅具干支，未能考订其年代；其实不乏考订之根据。盖癸未年每六十年仅有一次，而在数百年中此年不能有若干五月二十五日辛巳也。其困难乃在中国正式历书之中，无一与刻文年代相合者。然应知者，回纥自 8 世纪末年以后，即与中国隔绝。981 至 984 年王延德之使高昌，曾言其所用者为 719 年之唐历。此处姑不言其用 719 年唐历一事之出人意外，回纥人继续适用中国旧历，得与中国历日有一二字相差，亦意中必有之事。乃考诸癸未年之日数，相差甚远，只有 983 年一癸未年五月二十四日适为辛巳日，则碑文所志之年月日，大有为是年五月二十四日之可能，质言之，983 年 7 月 7 日是已。[①]

此年月日初视之似乎年代过晚，第观刻文字体，似与年代相符。以敦煌诸写本之字体证之，其书法似不能在唐末以前。有一事似可补助吾说，考唐人译 tegin 常作"特勤"（常误作特勒），而在此刻中文则作"特银"，用鼻音字写强音字，唐时固为例甚多；然在事实上 tegin 一字在 924 年时始初见写作"狄银"（1913 年《亚洲报》第 1 册 304 页），则在 10 世纪矣。此外在边地之中，古写法之维持，为时颇久，观刻文中古闭口收声之尚存，又似不能考订此刻之在纪元一千年以后。准是以观，足证此刻文之题为 983 年。

（二）缪莱撰《回纥考》(Uigurica III, Berlin. 1922)。

缪莱君在《回纥考》第三册中，曾言此本所辑诸民话，皆属一种大部著作，名《譬喻鬘》(Avadānamālā) 者之作品，与《贤愚经》所辑诸缘相类。此《贤愚经》之西藏文本，早经史密德 (Schmidt) 译为德文 ('Jans-blun, *Der Weise und der Thor*, 1845)，世人久已知之。缪莱君之记述及此，吾人颇表欢迎，唯其所知者，似仅 1901 年《王家亚洲协会报》(*JRAS.*) 中高楠顺次郎之文；其他更较明确之记述，若余在 1912 年《通报》355 页及 1914 年《亚洲报》下册 139 页所撰文，劳费 (Laufer) 君在 1916 年《通报》415 至 422 页所撰文，烈维 (S. Lévi) 君在 1925 年《亚洲报》下册 302 至 332 页所撰文（此文亦未引证余及劳费君之文），缪莱君似皆不知之。关于蒙古译本者，可参考 (Vladimircov, *Pañcatantra*, p.15)，复次尚有 Avanovskii 关于汉译《本生鬘》Jātakamālā (*ZVOIRAO.* VII, 265—292) 之俄文记载，此文已在 1903 年五六月刊《宗教史杂志》(*Rev. d'hist. des relig.*) 中转为法文。关于此经沿革之最善的说明，则见僧祐《出三藏记集》卷九之中。烈维君虽将其翻译大半，顾

[①] 此例尚见有之，732 年阙特勤碑与史文所志之日亦相差一日。然此处之误则以前一日为后一日，而在阙特勤碑，则以后一日作前一日。

《贤愚经》因有回纥、吐火罗等文译本，自是以后，将必在吾人之研究中大有功用，是以特将僧祐所记完全录出。

《出三藏记集》卷二著录"《贤愚经》十三卷，宋元嘉二十二年（445）出，右一部凡十三卷，宋文帝时（424 至 453）凉州沙门（sramana）释昙学①，威德于于阗国（Khotan），得此经胡本②于高昌郡（Qarakhočo）译出，天安寺弘宗③传。"

《出三藏记集》卷九《贤愚经记》云："十二部典，盖区别法门，旷劫因缘，既事照于本生，智者得解，亦理资于譬喻，《贤愚经》者，可谓兼此二义矣。④ 河西沙门释昙学、威德⑤等，凡有八僧，结志游方，远寻经典，于于阗（Khotan）大寺⑥遇般遮于瑟之会⑦。般遮于瑟者，汉言五年一切大众集也。三藏诸学，各弘法宝，说经请律，依业而教。学等八僧，随缘分听，于是竞习胡音，析以汉义。精思通译，各书所闻。还至高昌，乃集为一部。既而喻越流沙，赍

---

① 案《贤愚经》首题元魏沙门慧觉等于高昌郡出，烈维君谓僧祐以"慧觉"作"昙觉"，误也。僧祐常作"昙学"，名虽不同，显系一人，"学"、"觉"字形相类，致有误用，既无他证可引，不知何名为是。若为"慧觉"，其梵名应是 Prajñābodhi。若为"昙学"，其梵名则为 Dharmásiksa。南条目录妄改"昙学"为"昙觉"，亦误。

② 高丽本作胡本，宋、元、明本作梵本，然僧祐对于胡（中亚语）梵不分，皆作胡本。

③ 高丽本作"弘守"，余作"弘宗"，应以"弘宗"为是。

④ 别言之，包含本生（jātaka）、譬喻（avadāna），是为十二部典之二部。

⑤ 高丽本作"威德"，余本并作"成德"，证以经序，应以"威德"为是。

⑥ 似即于阗之瞿摩帝大寺（Gomatimahavihara）。

⑦ 即梵文之 pañcavarsaparisad 或 pañcavārsikaparisad。唯汉语译名似根据梵文俗语 prakrit，盖"般遮"固为正例的译写，然"于瑟"之对音，在原则上应假定为 ušat（ušar）。案 9 世纪大食旅行家所称印度雨季之名，今人思及 varsa 一字（其名曰 yasāra 或应改为 basāra），然其互用之例与此同也（1922 年刊《通报》411 至 412）。但同一名辞在中国译之中，尚有较正确详明之译名，而在缪莱本书之中，并提供有一回纥语译名 pančvrsik〔读若 pančv (a) ršik?〕。此外中国载籍尚著录有无遮大会，此会之制设，始于 6 世纪初梁武帝时。曰玉连（《西域记》译文 1 册 38 页又 3 册 459 页）、沙畹、烈维（1916 年《亚洲报》下册 42 页）及余，（见 Hackin 撰《梵延那之佛教古迹》*Les antiquités bouddhniques de Bamiyan*, p. 80）昔皆以其为梵文 moksa 之一种译写。顾此种译写之可能，必须根据 moksa 转为梵文俗语之 moccha，乃"遮"字又非习用译写 ks 转为 cch 声母之字也。故玄奘译写为木叉。然玄奘同时言及无遮大会，而又未言其"伪"，考无遮在梁武帝时亦称无碍（应出 apratigha，可参考 1911 年《亚洲报》下册 527 页），至吾人以此种大会为 moksaparisad 者，必非根据一种音之相类，乃根据一种意之相同，则可证明无遮大会为 pañcavarsaparisad 之一种纯粹汉名矣。

到凉州，于时沙门释慧朗，河西宗匠，道业渊博，总持方等，以为此经所记，源在譬喻；譬喻所明，兼载善恶，善恶相翻，则贤愚之分也。前代传经已多譬喻，故因是改名，号曰贤愚矣。元嘉二十二年（445）岁在乙酉，始集此经，京师天安寺沙门释弘宗者，戒力坚净，志业纯白，此经初至，随师河西，时为沙弥，年始十四，亲预斯集，躬睹其事。泊梁天监四年（505），春秋八十有四，凡六十四腊，京师之第一上座也。唯经至中国则七十年矣，祐总集经藏，访讯遐迩，躬往咨问，面质其事。宗年耆德峻，心直据明，故标请为录，以示后学焉。"

余今全录其文者，盖因僧祐在此文中言及有人在七十年前于凉州亲见此经之编辑，序谓八僧在于阗五年大会随缘分听，集为一部，则非取一种胡本（印度本或印度化本）翻译。此经所集既系譬喻，乃不以譬喻经名之者，缘"前代传经已多譬喻，故因是改名，号曰贤愚"。则在此状况中，见有于阗语、吐火罗语、回纥语近类此经之本，而在吐鲁番所得之本上题譬喻（avadāna），亦无足异矣。然有别一结论必须提出者，则此经既非根据一种印度定本译出，必无与《贤愚经》相对之梵文标题。但西藏译本有一不可解的 Damamūka 标题，抑又何耶？吾人今知此西藏本为藏名 Čhosgrub。

汉名法成者于9世纪上半叶所集，法成为当时甘肃译西藏文为汉文，并译汉文为藏文之一大译家，然其必未在汉本之中发现汉本所无之梵名，可断言也。则考订 Damamūka 为 Dharmat-muka 之说（Waddell, *JRAS.*, 1914, 673），或为 paṇḍitamūrkhau 之说（缪莱本书91页所引 Beckh 之说），皆成徒劳。盖此 Damamūka 乃为法成臆造之名，俾人知其书似出梵文原本，然则 Wintenitz 之《印度文学史注》（*Gesch. der indisch. Literatur*, II, 221），必须更正矣。

关于《贤愚经》中之人名地名，以及与有关系之文，劳费君及余搜集之材料不少，现尚无暇刊布，兹仅纠正缪莱本书（91页）之一误。案汉本《贤愚经》卷有"摩诃令奴缘品",高楠顺次郎曾将摩诃令奴还原为 Mahāreṇu。缪莱君则改"令"为"合",而作 Mahāhanu。余以此种改正未见有何功用,案令奴(Reṇu)人名,在梵本中常见著录,而且合字在印度名称译写之中鲜见用之,此字古读若 ghap(昔曾用以译写突厥古名中之 álp),而此字收声不能与 hanu 之 n 发声相应也。又况汉本中令奴之名数见,题曰摩诃令奴缘品。国王名曰令奴,Reṇu 最大夫人字提婆跋提(Devavatī),生子名曰提婆令奴(Devareṇu),别言之,合父母之名为名。证明此种习惯,尚有旁例可引。若著名译师鸠摩罗什(Kumārajīvá),其一例已。则余未见有不用汉本译名之何种理由,斯固不能完全保证其为5世纪时之译名,然可断言9世纪上叶汉本中即作摩诃令奴。盖法成所译西藏本名摩诃令奴曰 Me-loṅ-gdoṅ(*Schmidt*,p. 252),此西藏语名意为"镜面",乃梵文 Ādarśamukha 之寻常译名,而此镜面缘曾以盲人与象身故事著名者也。蒙古帝蒙哥(Monka)在13世纪时尚在引用此种故事,遂为 Jalalu'd-Dīn Rūmi 之 Matnavī 所录①。然《贤愚经》及法成译本中之摩诃令奴缘,与此镜面缘毫无关系,则西藏语 Mel-lon-gdon 之名,乃取其与汉本摩诃令奴音之相近而已。此种变化出于法成,抑在其后,现颇难言。考汉、藏两本字句相同,唯开首之文见有修改之迹,盖令奴名既与标题不符,不能不加以删改。由是观之,西藏本在一定限度中颇有裨于汉本之审定,顾欲利用西藏本者,不可仅恃史密德之译本,而不参考《贤愚经》汉文原本也。

---

① 参考沙畹集五百民话(*Cinq cents contes*,I,336;II,320)。

库 蛮

《亚洲报》1920年刊上册125至185页

伯希和 撰

德国班额（Bang）同马迦特（J. Marquart）合撰有一部《东突厥方言研究》，这部书在1910年脱稿，迟到1914生才印行。到了战后，伯希和（Pelliot）方见此书，便在1920年的《亚洲报》里面作了这篇报告带批评。这部书分为三部分，其中两小部分是班额所撰，一大部分是马迦特所撰。我的译文仅限于与汉学有关系的考证，所以将关于班额的部分省略。伯希和原文的标题是 *A propos des Comans*。这个Comans牵涉到的种族很多，我不能拿一个种名包括，所以仅译其音，名曰库蛮，读者切不可在中国载籍里面去寻这个新名的出处，这是我要声明的一件事。本文里面用了几个希腊字母，我从前因为印刷困难，曾将这一类的字改作罗马字，于每字后面加了一个h，以示区别。现在也仿先例，比方dh，th，gh，kh，bh等字后面的h，皆我所加，这是我要声明的第二事。此文内固有名词很多，不但中国译名不一，就是外国写法也有殊异，所以我皆仍原名，有汉译的则附录于下。然只以一名比对一名，不对他名，比方库蛮只对Comans，不对Cuni；吉利吉思只对Kirghiz，不对坚昆、黠戛斯等名，这是我要声明的第三事。伯希和对于马迦特的著作曾说过，尽他所知去批评。我对于伯希和这篇研究，也只好说，尽我所知去翻译。译者附识。

本书的大部分（自 25 至 238 页）是马迦特君题曰 *Ueber das Volkstum der Komanen* 的一篇大作。马迦特君的著作，向来是很难节录的，没有一处无关系。他在一切语言中的调查非常广袤，假定时常太远，有些不能不在中途放弃，偶亦有时放射一种真正占卜的光明。可是马迦特著作中的次序，仅在马迦特本人百科全书的头脑里面存在，读者从枝节转到枝节，势须在两千年的历史中周游世界。前几年马迦特在 Bénin 的一部古器物著作里面，曾建议将 Ktesias 关于印度的残文改正，现在这篇《库蛮起源考》，有他的优点，亦有他的缺点。读者对于他的结论，固然时常踌躇难决，可是不能不佩服他的学识鸿博。

马迦特在这部研究里面，工作极感困难，他自己也知道。可是他不能负何种责任，尤其是在讨论关于蒙古时代史料的地方，此书印刷时，他才接到一本 Barthold 所撰的《蒙古侵入时代之土耳其斯坦》，Mirza Muhammad 的 Juwamī 刊本第一册。接到的时候，仅仅够他在一个附注里面著录之用，而且他又不能觅得俄国考古学会东方部 Trudy《丛刊》第十五册，Berezin 所译 Rachīd ed-Dīn《蒙古史》关于成吉思汗的部分。关于伊斯兰教徒著作方面的情形如此。至若在中国著作方面，马迦特大概仅限于 De Guignes, Rémusat, Schot 等几个人的旧作，Bretschneider 的《中世纪的寻究》，与同 De Groot 所供给的几种常不正确的译文。至若要紧的著作，他皆没有。比方北京俄国传道会 Trudy《丛刊》第四册 Palladius 所译注的《元朝秘史》，同一人在 1877 年 *Vostočnyi sbornik* 中刊行的《皇元圣武亲征录译文》，还有 Vasil'ev 译文不佳的《蒙鞑备录》，Popov 在俄国地理学会 Zapiski《丛刊》第二十四册刊行译文亦不佳的《蒙古游牧记》，如果见着，可是得到若干有益的指示，可惜他皆未见。时在今日，要研究蒙古时代一种问题，尤不能不考证《元史》所本的来源。《元史》成书不到一年,仓卒可知,可是他所采的不少来源,我们还可直接参考。我们在别的境况中,还有些同时同类的史料,比方《元史》所载畏吾儿(回纥)发源的故事,我们现在虞集所撰的《高昌王世勋之碑》里面,可见相类的记述。又如 De Groot 根据《土土哈传》,所译的 Qïpčap(Kiptchak)(乞卜察兀)的事绩,我们也可以将虞集所撰的《句容郡王世绩碑》拿来检对校正。① 中国人同日本人业经为我们预备了一部分工作,最近几年有人将《黑鞑事略》同他的 1237 年的注子印了两版。《黑鞑事略》以后,关系蒙古人的最古著作,要算《蒙鞑备录》了。那珂教授的佳作,《成吉思汗实录》(1907)是用《元朝秘史》两种译本作根据的。Palladius 所译的《元朝秘史》汉译本外,还有一部用汉字音译而更较完备的蒙文原本。我曾经根据 1908 年的"湖南刊本",同我在中国获得的一部旧抄本,将这部音译的《元朝秘史》,完全转为蒙古文,我希望不久将这部工作刊布。中国近代考证诸家,曾对蒙古时代作了许多重要寻究。钱大昕的著作,时常使人得到收获,是不用说的。其余应该著录的,还有魏源(1794—1856)改订《元史》的《元史新编》。此书原是写本,后在 1905 年付印了。汪辉祖(1730—1807)的两部著作,《元史本证》同《辽金元三史同姓名录》,现在已有重刊本可以参考。中国驻俄公使洪钧,在 19 世纪末年,曾根据中国同西方为史料,撰了一部《元史译文证补》,此书已有三版了。此外近几年内,又有两部大蒙古史出现,这就是屠寄的《蒙兀儿史记》,同柯劭忞的《新元史》。这两部书虽然错误很多,可是有关系的材料不少。马迦特的寻究既然将我们领到满洲,就应该参考关于满洲同东蒙古的两大汇集。一部是东京大学出版的《满鲜地理历史研究报告》(1918 年时已出 4

---

① 此二碑并见虞集的《道园学古录》(钧案《高昌王碑》见卷二十一,《句容王碑》见卷二十),同《元文类》卷二十六。

册);一部是南满铁道会社委托白鸟教授主刊的汇集,现在已用德文刊行两册,题曰《满洲历史地理上之贡献》,并附有一册历史地图。前一汇集诸考里面,有关于勿吉、靺鞨、室韦、可敦城的专考,这皆是马迦特在他的研究里面所涉及的问题。

在一篇篇幅有限的研究里面,当然不能将这些来源全取来,审查引起马迦特注意的数目太多而复杂无限的一切问题。我只能尽我所知,将原著者所得的成绩指出,并提出我视为必要的评论。

根据948年记述的Constantin Porphyrogénète之说,9世纪末年时,有Petchénègues人,住在Volga水同Oural山之间。这种人西有Khazars(可隆),东有Ouz(Ghuz,Oghuz)。马迦特以为此种人是西突厥的旧部,被Qarluq(葛逻禄)追逐到Yaxarte(药杀水)下流同Aral海(咸海)一带的,到了11世纪中叶,更往西徙。在这个时候,Petchénègues已在Dniéper以西。到了1078年,这部种族同Ouz联合,东罗马的著作家始初名之曰Komanoi人。至若Ouz的名称逐渐消灭,仅在书籍留有他们的痕迹。到了12世纪,Edrisī曾说有Qomān人同他们的Qomāniya国。12世纪末年,编年史家Michel le Syrien也著录有Qoman人。到了13世纪,这些库蛮受蒙古人的侵略,有一部分曾退避到了匈牙利。匈牙利的《拉丁编年史》名之曰Guni,这就是匈牙利语名称库蛮一名多数Kun-ok的对称。在Plan-Carpin同Rubrouck看起来,库蛮地方所包括的,就是黑海、高加索、里海以北的大平原。

库蛮不是Petchénègues人,也不是Ouz人,可是一种新来驱逐或制伏从前侵略者的亚洲游牧部落。《俄国编年史》虽然也知道有Koumani的名称,可是大致称这些新来的人曰Polovcy。马迦特采用Kunik之说,以为这个Polovcy名称的语源,不是本于"田野的"、"平原的"一字而来,乃是本于"茶褐色的"、"灰褐色的"一字而来的。马迦特并且以为德语库蛮人名称 Valwen，是出于 falben（淡色的）一字。又如 Guillaume de Rubrouck① 的 Valani 人，Otto de Freising 的 Falones 人，Guillaume de Viterbo 的 Phalagi 人，Adam de Brême② 用拉丁语名称的 Pallidi & Macrobii virides，来源皆同。这种解释，我觉得不坏。③ 可是关于库蛮人的体貌方面，连带有一定关系。这些"淡色面孔"的人，应该与突厥、蒙古侵略者之其他部落有别。应该系于若干史文所载纪元初年中亚同东亚那些晳面赤须青眼的种族。

这部书说到这里，地盘还算坚固，可是以后就有点滑脚了。Al-Bīrūnī（殁于 1048）在他 1040 年所撰的 *Kaunūnal-Mūnasūdī* 里面，著录有 Qūn 人同 Qayī 人。根据此书列举的次序，这两种人所处的地方，在 Kirghiz（吉利吉思）同 Toghuzghuz（九姓）的东边。Muḥammad-i Aufī 的《逸事集》（13 世纪）说到突厥人（Turcs），曾著录有 Ghuz（Oghuz）或 Uighur（回纥）诸大部落。他又说："世人称为 Qūn 人的 Marqa（或 Murqa）人，属于这些部落（质言之突厥）。他们来去 Qytā 国，因为牧地不够，才弃而他适。……Khwarīzm-sāh（花剌子模王）Ikinǰi ben Qučqār④ 就是他们部落中的一人。后来他们被一个人数较多兵器较强的 Qayī 游牧部落所袭，被逐出他们的牧地以外，他们（Qūn）便迁徙到 Sārī 地方。而本地方的人因之也迁徙到 Turkmān 地方，Ghuz 人曾迁徙到阿美尼亚海（里海）边附近 Petchénègues 人的地方。"Muḥammad-i Aufī 接着又说有 Khirkhīz

---

① Rockhill 在他所撰这位修士的《行纪》93 页里面，提到这个名称，并未加以解释。
② 可是应该注意的，Adam de Brême 殁年是 1076 年。他将这个名称适用于 Husi，质言之，至少在理论上适用于 Ouz 人。如此看来，他所"翻译"适应 Polovcy 的德语名称，几与此 Polovcy 名称初见于《俄国编年史》的时间同时，因为《俄国编年史》最初著录此名的时候是 155 年。
③ 马迦特（54—55 页）又引证有阿美尼亚（Arménie）人 Mathieu de Urha 的一段记载，说 1050 至 1051 年间，"蛇种民族"攻击"淡色"（Falben）民族，而"淡色"民族又转而攻击 Ouz 同 Petchénègues 民族。
④ 这个人名原有脱讹，马迦特曾将他改正，其人是在 1096 年被杀的。

（Kirghiz 吉利吉思）人、在 Kimak 人的北边，同 Yaghmā（样磨）[①]人与 Kharlukh（Qarluq 葛逻禄）人的西边。

这些 Qayī 人的详细情形，虽然没有人知道，可是已经晓得他们是 Osmanlis 人的祖先。Rachīd ed-Dīn 曾将他们列在 Ghuz 诸部落之首。这样看起来，不知甚么缘故 Al-Bīrūnī 尚将他位置在吉利吉思同九姓的东边，然则他们的迁徙问题还未解决。

对于 Qūn 的问题能够解决较善吗？

马迦特以为 Qūn 人就是库蛮人，此说可以匈牙利语库蛮人的名称（Cuni, Kúnok）为凭借。我觉得或者不错。[②] 可是马迦特的考证不止于此，他并考究 Qūn 人的命运到了中亚史最古时代。他以为匈奴同他们没有关系，据说这个匈奴名称古读若 Kung-nu，应该是含有"犬"的意义的一种别号，应该是从吐鲁番一带古印度欧罗巴语而经世人时常名曰吐火罗语中假借而来的。因为在这类语言里面，ku-字的从格 kun-即训为"犬"。他又将译写 Bhauṭṭa 或 Bhuṭa 的 Phaunoi, Phauroi 等等名称撇开，以为这些名称是"指西藏人无疑"。最后他又主张，史文虽说吉利吉思人赤须晳面，可是此族的坚昆古名，与 Qūn 人也不相干，因为这个名称并不是用两族的名称结合而成的，实在是译写 Kirkuz 的对音。我以为将这些名称撇开，我的意思固同马迦特的主张一样，可是他所说的 Kung-nu 古读，本于一种印度欧罗巴语言训义为犬之说，我觉得毫无理由。这个匈奴名称最先知道的，要算中国人。中国人曾直接同匈奴发生关系，用不

[①] 样磨一名，并见《王延德行纪》著录。日玉连（S. Julien）在《亚洲地理杂纂》97 页中，翻译《行纪》这段文字有误。其原文云："统有南突厥、北突厥、大众慰、小众慰、样磨（Yaghmā）、割禄（Qarluq）、黠戛司（Kirghiz）、末蛮（Marman）、格哆族、预龙族（Örön, Uruṅ）之名甚众。"这个名单里面，有几个名称，势须引起困难的讨论。我不能在此处作这种讨论，我们只要记得此处样磨、割禄、黠戛司三名并列，与上引之文同。

[②] 马迦特（57 页）以为在 Polovcy 首领 Kun-uy 名称之中，见有 Qūn 的名称，这一说完全出于武断，我完全不能赞同。

着有"印度欧罗巴"的居间，才知道这个强邻的情形。中国人在此名之若干译写中，增添犭旁者（这些加犭旁的名称，恰是未经马迦特在 64 页中指出的），因为本于中国人对于外国民族的一种轻视习惯。Phaunoi 等如 Bhuṭa，或者有其可能，可是未曾证明。至若坚昆即是吉利吉思，我的意思也同马迦特一样。可是译写所根据的是单数的 Qyrqun，不是多数的 Qyrqudh（Qyrquz 或 Kärgüz，这就是唐人的结骨，同《元朝秘史》的 Kirghut 所自出）。①

可是别有一种民族，而经 7 世纪上半叶一种中国史文说是土耳其斯坦青眼红发的人民的祖先的，这就是乌孙。按乌孙王号有昆莫，同后来的昆弥，在理论上求其对音，似是 kun-mak 或 kun-bak（kun-bhak），与 kun-mi 或 kun-bi（kun-bhi）。② 从前有人以为这个莫字或弥字，是突厥语 bäg（钧案唐人译作匐、清人译作伯克）的对音，而在从前方言里面读若 bi。马迦特（69 页）以为此解确当，于是乎将昆莫或昆弥的王号上一半认为 kun（Qūn），下半认作 bäg 了。据说昆是训为"强大"的一个形容词，后来变成为部落的称呼，又一方面马迦特以为乌孙同后来的西突厥或者应该是同种。③

在理论上说，马迦特所提出的解释，并非不可能，可是毫无明白根据。还有一个理由使人不敢将昆莫两字分开的，设若第一个字古籍的收声是 m，我想世人没有确证必不敢将这个 kun-mak 古读分

---

① 可参考 1916 年刊《通报》370 页。突厥语的实在写法是 Qyrghuz。从喁昆河（Orkhon）诸碑文起，就是这种写法。我们可以假定坚昆（Qyrqun）或者是一种蒙古语写法，要是不错，这倒是一件有关系的事实。因为这个坚昆名称，在纪元初时已经知道了。关于这些蒙古语写法，可参考 1915 年刊《通报》687—689 页。以 Türküt 对突厥之说，马迦特君在 1905 年时实已首先提出。（参考《伊兰史考》第 2 册 252 页同本书 72 页）

② 我采用的大致是 Karlgren 在 1919 年《通报》104—121 页中还原的古音，其中不少的细节或有讨论的余地，可是根据切实。

③ 马迦特为此引证到乌孙的方位，同狼的故事，这并不是一种证明。读者很想到马迦特必将乌孙的名称同 Oghuz 相对照，因为他已经在一个汉代译名里面举出乌、呼两字互用之例（就是原书 65—66 页所引的乌揭或呼揭，此外还须加入《魏略》中的呼得，此名必是呼揭之误）。然而他未作这种比对，必定是因为他已经拿 Oq-uz（此言箭师）去对 Oqhuz（37 页）。我以为这种假定不对，我也曾将 Oqhuz 同 oquš 或 oqus 比对（《通报》1914 年刊 256—257 页），然而也是一种很可疑的解释。

开。因为前一个字的收声，正合后一个字的发声。可是因为古汉语在一含有唇音韵母字里面并无唇音收声之例，致使这种适应为不可能。换一句话说，古汉语并无 kum 的读法。从前译写这个 kum 必须用-n 收声的昆字之类。如此看来，根据第二个字的发声，第一个字的收声颇有为-m 之可能。我个人的意见以为与其像马迦特所提出的"昆之 bäg"的解释，宁取昆莫同昆弥之理论的对音，kummagh（kumagh，kumbhagh）同 kummī（kumē，kumbhē）。

寄多罗朝（Kidarites）或大贵霜（Kušān）王朝的最后一王，就是在 468 年为 Pērōz 所败的一王。根据 Priscos 的记载，此王名 Koughkhas，亦作 Koughkhan。[①] 马迦特以为这个 Koughkhas，是一个人造的希腊字的主格，是从真正写法 Koughkhan 中演绎出来的。马迦特以为这个名称就是一个 qūn，qān 的称号，别言之，就是"Qūn 之汗"，这些 Qūn，就是印度同时的 Hūṇa。这个名称所指的，并不是匈奴。印度在 Sita-Hūṇa 或 Çvera-Hūṇa，质言之"白 Qūn"以外，还知道有 Hāra-Hūṇa，这只能是 Qara Qūn，质言之，"黑 Qūn"。当时的嚈哒（Hephthalites）所说的，应该是蒙古语，他们的真正名称与 Çvera-Hūṇa 相适应，应该也就是蒙古语的 Caghan Qūn。由是可解王号 Čaghān Khudāk 的 Čaghāniyan 国，久为嚈哒本部一种中心的理由了。马迦特这些假定不无关系，可是我觉得不必用这样绝对形式提出，或者更为妥贴。马迦特既然将 Hūṇa 与匈奴分开，我

---

① 马迦特（70 页）说到柔然（Avars）将寄多罗朝逐出滕监氏古都以外的情形，他将这个城名写作 Sing-kamsi 以与 Iskimišt 比对。这种比对好像有些困难，因为这种音读是出于马迦特武断的。因为滕字可以读作胜，也可以读作孕，若是拿《魏书》相对的记载去对照，则又作卢监氏。而且这两个名称，同先前的大夏都城与后来的大月氏都城名称有其关系。这个古城，《史记》作蓝市，《前汉书》作监氏。《后汉书》作蓝氏。〔可参考《通报》1907 年刊 187—189 页沙畹（Chavannes）之撰文〕我觉得马迦特毫无采取晚见而有疑义的《北史》名称，而不取《史记》同《汉书》名称的理由。就是采用《北史》的名称，也不能说滕字必读胜，而不读孕。就算是读作胜，也与马迦特还原的写法不合，因为滕字同氏字是清音发声，复次据我所知道的，Iskimišt 原名迄今尚未确定，马迦特前后提出两种考据，皆有疑义（参考《伊兰考》*Erānšahr* 219—220 页）。自是以后，不知道他的意见变更没有。

们很想知道他对于希腊同拉丁史文中之 Huṇs 所表示的意见。若是他以为 Huṇs 的名称即是 Hūṇa 的名称,这可又是 Qūn 名称的一种新例了。这个例子既很重要,我想他决不能默无一言。设若反是,他以为 Huns 就是匈奴,则更加难解,因为他说匈奴是外人名此种族之称,为什么能够使中国同欧洲皆能采用呢?又或者他以为匈奴、Huṇs、Hūṇa 这三个名称彼此皆无关系,这似乎也非真相。总而言之,马迦特应该在此点上明白表示他的意见。

根据东罗马使臣 Valentin(纪元后 575 年)的《行纪》,欧洲 Avars 人(常名曰假 Avars 人)的真名是 Ouarkhônitai。又据 Théophy-lacte Simocatta 的记载,这个名称是由两个古酋长 Ouar 同 Khounni 的名称结合而成。Ouar 得与 Avars 的名称相同,Khounni 又在高车或狄历最南的部落浑种一名中见过。马迦特又说,因为 Ouar(War)的名称并在嚈哒国名滑国,同他们的都城活国或阿缓城(War,Awar. War-waliz)名中见过,而且嚈哒的 Hun 种名称并见于《隋书》。其康国(Samarkand)《列传》说"康国王姓温,月支人也",愈使这个问题混杂。但是马迦特(77 页)以为将 Ouarkhônitai 分为两段是一种错误,好像这个名称的意义是"Warkhon 之人",质言之,嗢昆(Orkhon)河的人,我以为我对于这些可疑的解释,皆无所取舍,将来或者还要加上许多。

马迦特君寻究 Qūn 名称的踪迹以后,又想确定此民族原来的居地。据说应如 Muḥammad-i Aufī 之说,此种来自 Qytā,质言之,来自契丹(Khitaï)。这一说好像可以用《俄国编年史》中著录的两个 Polovcy 酋长,Kytan 同 Kitan-opu 的名称来证实(57 页)[①]。我以为这种比对毫无价值,蒙古人名中国南方曰 Naṅkiyas(南家),也曾取

[①] 马迦特(57 页)并将蒙古侵入时逃到匈牙利的库蛮王名 Gutan 或 Kuthen 取来引证。后来在一个补注里面(203 页)又说,此王名在俄国史书里面写作 Kotyan 颇不利于比对,然而我以为就算是写作 Gutan 也离真相太远。

南家而自名，难道说蒙古人是出于中国南方的人种吗？① 马迦特以为还有别一个凭据可实彼说，Muḥammad-i Aufī 曾说 Qūn 亦名 Mārqa（Mŭrqa?），马迦特（57页）说种类之不同，其种类虽有变迁的可能，固不能使人想到必是 Märkit（蔑儿乞），可是很像（80—89页）是从前满洲的勿吉，后来唐朝的靺鞨。有些中国史文说他们是女真的祖先（女真又是满洲人的祖先），又有说达靼是靺鞨后人的。② 达靼就是 Tatar，这些达靼本族说的是蒙古话，必定又同中国人习称曰蠕蠕（Avar）的有其关系，但是中国人又说蠕蠕亦名大檀或檀檀。

我并不想在此处将一种如此复杂的问题整个重再提起，而且这个问题关系诸主要东胡（tongous）民族、蒙古民族、突厥民族等起源同血统的问题。可是有若干说明似有必要。首应言者，好像在此处应该将 Avar 列于事外。他们的名称，在北魏作柔然同蠕蠕，在南朝作芮芮同茹茹，换一句话说，这名称的发声皆为一种含有鼻音化的清呼音，此音今在中国北方（除开用-i 的古收声外）皆转为 j-（同法国的 j-相类而不相等）。自从唐朝以来，回纥人同西藏人皆将他用

---

① 前几年 Ramstedt 发现的古体碑文（见所撰《北蒙古两种古体回纥文碑》）中之一碑，上面著录有 Yaghlaqar 的名称，未经发现的人考证出来。这就是《唐书·回纥传》回纥九部之一种，也就是回纥可汗的姓，药罗葛（参考沙畹撰《西突厥史料》94 页）。但是如果 Ramstedt 的译文不错，这个回纥可汗的姓，在此碑上又成为一个吉利吉思人儿子的姓，我以为这个证据并不确实。保不住碑文的意思是如此，我引证他的原因，仅在说明 Yaghlaqar 一定是药罗葛而已。

② De Groot 曾将大檀一种 Tattan 读法告诉马迦特，这种还原所根据的方法，我在后面别有说，可是我在此处应该说说，我虽然不完全将他屏除，可是也不采用第二个字音读为旦之说。这个问题很复杂，因为《辽史》写作达旦。可是这个名称必用一个 r 收声，其为 Tatar 无疑。不过是汉字用-n 收声字译写外国-r 收声音，只能在纪元初数世纪中有其事，而在唐时这种译法几已抛弃，当时的收声 d（dh）在中国北方实在已经转变为-r。如此看来，已经有一个现成的对音，用不着拿-n 收声字去替代。我不仅在《新五代史》修订以前看见中国载籍中有达靼的著录，而且在《新五代史》最初著录 860—874 年间达靼事情以前，发现这个名称。其名见李德裕致回纥 Ormuzd（嗢没斯）书，此书并见《文苑英华》卷四六八。（参照《亚洲报》1913 年刊第 1 册 286—289 页）致书之年，好像是 842 年。书尾有存问"黑车子达怛等"的话，此处的读法必定是达靼，而不是达旦。又一方面，关于靼字的音读，唐宋的韵书皆音怛，而不音坦。既然只望有这个音读来译写 Tatar 的对音，我想只能以他为是。《辽史》固然有达旦的写法，可是要知道《辽史》是蒙古时代所修。质言之，在一个达靼朝代的时候，我想是修《辽史》的人以为这个革字偏旁表面不大恭敬，所以将他删了。但是也有补助 De Groot 的读法的，有几本著录《王延德行记》的版本，写作达坦。又在《续资治通鉴长编》卷七同卷十里面，见有塔坦的写法。

j-（ž）来译写。在原则上说，此处应采北魏的写法，因为在地理同种族方面，北魏同柔然相距比南朝较近。这个名称的原始音读，好像就是 žüäžän 相类的音读。至若大檀同檀檀，要为柔然一个可汗的名称，或其有几种史文误以之为民族的称号。然而还有一种不能将大檀同檀檀与达靼比对的理由，因为中国人虽然时常将突厥语浊齿音发声的字写作清音（若将 tarqan 听作达干 darqan，将 türküt 听作突厥 dürküt，将 tatar 听作达靼 datar 之类），我还不知道在中间用清音译法的例子。考喝昆河突厥碑，业已著录 Tatar。中国译写的达靼对音，应读若 datar。质言之，用一个清齿音发声，可是中间夹着有一个浊音。至若大檀同檀檀两字的中间，是一个清音，所以我以为不能将大檀或檀檀同达靼比对。

关于勿吉或靺鞨的问题，更较困难。若说同一个民族在 8 世纪至 10 世纪历史时代之间，同时为东胡种的女真与蒙古种的达靼之祖先，似乎不是真相，应该加以选择。马迦特则以达靼与靺鞨有血统的关系，若要考究这件问题，应该将日本学者最近刊行关于勿吉与靺鞨研究的成绩，拿来参考。就我个人的意见说，历史同地理皆似偏于勿吉或靺鞨为女真祖先之说，质言之，使之为一种东胡民族，又据世人很知道的 Théophylacte Simocatta 一种记载，说柔然灭亡的时候，其种人有一部分逃到 Moukri 民族之中，业已有人想到 Moukri 就是勿吉或靺鞨。① 此种比对非不可能，然而所关系的，或者是 Märkit（蔑儿乞）。这个蔑儿乞民族在 12 世纪末年与未来的成吉思汗初次作战的时候，同达靼皆是蒙古语诸部落中的一个强大民族。蒙古诸部落在成吉思汗的蒙古人登台以前的情形，我们不大知道。可是自唐代始，中国载籍业已著录确属蒙古语的室韦诸部落中，有

---

① 参考沙畹撰《西突厥史料》230 页，现在所知勿吉初次入贡之年是 475 年。

一个蒙兀或

蒙瓦部落，① 好像蒙古之名首见于此。在 12 世纪中叶的时候，有一朦古国，或蒙古斯（Monghu 或 Monghus 后面的一种写法，必是女真语的多数）。这个国有时战胜金国，就是蔑儿乞，从前也同 Jajirat（茶赤剌）及 Ongirat（王纪剌）并见《辽史》著录。② 这些辽人或契丹人所操的语言，虽然颚音很重，可是与蒙古语很有关联。而且柔然人说的是蒙古语，也有其可能。如此看来，虽然年代相差很远，可以预想 Moukri 就是蔑儿乞人。不过是这一说在我们现在知识状态里面尚属一种很臆断的假定。设若反是，若将 Moukri 考订为勿吉或靺鞨，则就应该或者承认蒙古人同东胡人一直到 9 世纪的时候，皆是一种相同的种族，像 Blochet 等以为柔然就是女真未定的祖先一类的假定。或者主张达靼不出于靺鞨，而为 6 世纪中叶逃于靺鞨的一部分柔然的后人，等到契丹破灭靺鞨之时，重新与靺鞨分开。这第二说至少可以救济记载达靼出于靺鞨的一段中国史文，一方面又可免 9 世纪以前蒙古人与东胡人语言相同的假定，而且这种假定好像被事实所否认。复次，关于 Qūn 者，应该补充几句话。一方面这个 Mărqa 或 Mùrqa 的名称，仅见于 13 世纪一种传说不实的孤证，似乎不能用这种薄弱的根据，来起造这样重要的建设。又一方面设若关系契丹，为什么不用习用的 Khẏtai，而用 Qẏtā 呢。

---

① 马迦特（88 页）只言蒙瓦，其实在《旧唐书》中作蒙兀，只有《新唐书》作蒙瓦。这种差别很奇，或者蒙瓦是蒙兀的笔误。蒙兀的古读，连同他的-dh 收声，他的对音或者是 Monghol，或者是 Monghol 的一种呼音或唇音的多数。

② 1123 至 1124 年耶律大石西奔的时候，在北庭所会二八部王众中，就有这三个部落的名称。在《辽史》（卷二六）1096 至 1097 年下，著录有蔑儿乞（钧案原作梅里急，《辽史》卷三十《天祚本纪》作密儿纪）长忽鲁八。茶赤剌部曾在 1196 年随耶律大石征过河中（Transoxiane 昔之康居）《辽史》卷三十）。Ongirat 或 Qongirat（王纪剌）并见《金史》（卷十）1196 年下著录，说其居地在大盐泺附近。又见《金史》卷九三。

马迦特在中间对于达靼^①同 Kīmāk^② 附加若干说明以后，就说到 Kiptchak（Qypčaq 钦察），这也是件奇难的问题。Guillaume de Rubruck 明说库蛮就是钦察，自从这个时候起，便将黑海、高加索、里海以北的大平原，明明白白名之曰 Dašt-i Qypčaq 了。可是有些特别名称曰钦察的部落，不能永同库蛮混在一起。

钦察的名称，在 9 世纪中叶 Ibn Khordadhbih 撰述里面作 Khyfšākh……，可是这不是蒙古时代成吉思汗所讨伐的钦察。[③] 他所讨伐的是别一个取得钦察旧名的游牧部落，他的中心好像在 Oural 山中（138页）。起初定是与契丹同奚很有关系的蒙古种，在 12 世纪初年徙居中亚。可是仅构成一种土居部落中之一种指挥阶级，后来不久就化为突厥了。他们并受了基督教的若干影响，因为 1223 年为蒙古兵所败所杀的首领玉里吉，就是 Polovcy 王 Yuriĭ Končakovič。俄国史书曾将此人与 Daniel Kobyakovič 并列，这个 Yuriĭ 的名称，同 Daniel 一样，皆是基督教名。玉里吉乃是古斯拉夫语 Yurigiĭ 的对音，就是我们写作的 Georges。自从蒙古侵略与人种大混合以后，现在不能再认

---

① 马迦特（95 页）提到《王延德行纪》，说到达靼的八部落，其实原文是九部落，原文说："次历屋地因（一作目）族，(tegin Oq?) 盖达于（应作干）(tarqan) 于越王之子。次达于（一作千应作干）于越王子族，此九族达靼（一作坦）中尤尊者。"此处所说的，就是达靼部落的区别，同嗢昆河碑文所说的 otuz Tatar 或 "三十达靼"先例一样。这个九族达靼（toquz Tatar）并在 Ramstedt 所发现的 Šine-usu《碑文》两见著录。(见《两种回纥古体碑文》17 页同 19 页) 此外《辽史》卷十四说："统和二十二年六月己亥（1004 年 7 月 26 日），达旦国九部遣使来聘。"

② Edrisi 所说的 Kimāk 同住在 Irtych（额尔齐斯）河的 Kimāk 应该分开，诚如马迦特之说，可是金朝的名称不该参加在考订之内（113 页）。金（当时读作 kim）朝纯是汉语之称，他的名称仅用蒙古语的 Altan-khan（阿勒坛罕）译名传到中亚。

③ Kiptchak 习见的译名作钦察，《元史》(卷六三) 也作钦叉。此种译法盖根据一种 Qybčaq 的写法，将 b 转为 m 同伊斯兰教地方将 Tabghač（桃花石）转为 Tamghaǰ 的例子一样。《元朝秘史》的蒙文本作 Kibča, ut（乞卜察兀），这就是 Kipčak 的多数。此外在蒙古时代还有这样互用的例子，比方 Qabqanas 部落的名称，在《元朝秘史》蒙文本中写法如此，（哈卜哈纳思）然常将第一字用一 m 收声字来译写，由是成为 Qamqanas（憨合纳思、憨哈纳思）。至若 khyfāskh 中之 -f- 的发音，耶律楚材《西游录》中的可弗叉就是他的对译。（此名并见《辩伪录》卷二引《西游录》）此外在《黑鞑事略》中还有个克鼻稍的写法，此名中之 o 音，在 1673 年的《俄国人种地图》Kopčasška 一形容词写法中见过，又在 1707 年 Remezov 中之 Kopčak 见过。(参看 Baddeley 撰《俄国·蒙古·中国》，1919 年本，第 1 册卷首 140 页同 154 页)

识他们的后裔了。在这些点上，我同马迦特意见一致。玉里吉曾经 Bretschneider 考订作 Yuriĭ Končakovič,① 我觉得是对的。又一方面，这些 13 世纪的钦察，是从 12 世纪初年由热河西迁，业经一种中国史文所证明，这条史文我觉得不能对他有所怀疑。现代的中国考据家，若屠寄同柯劭忞等，在他们的撰述之中，也抵于相同的结论，也说钦察是古库莫奚的后人，质言之，与契丹人很相近的奚种的后人。②

马迦特最后所说的民族，就是 Qangli（康里）。此族应与钦察有别，据说是 Kīmāk 族被 Qūn 同 Qayi 破灭后所存的原来部落。这件问题尚未成熟，宁可暂时不去讨论罢。

马迦特在最后补正两页里面（237—238 页），对于很暧昧不明的 Qara Qytai（西辽）年代，提出一新解说。他的起点就是伊斯兰教撰述所定耶律大石亡故之年，质言之，1143 年初。对于他的后人，则采用中国史书所志的年代。则葛儿罕（gurkhan）被乃蛮（Naiman）屈出律（Küčlüg）推翻之年，应在 1211 年。这也是 Barthold 根据一种伊斯兰教撰述所定之年。这种年代，初视之似对，我们等待将来的证明罢。

所余的就是汉字译写的问题。马迦特所引的汉名，皆不举出今

---

① 见《中世纪寻究》第 1 册 297—298 页。Bretschneider 在此文同一段中，并考订阿里吉河就是 Kalka。不过是马迦特（156 页）改阿为可，似乎有点不像。因为在蒙古时代可字已经读如今音，在译写中对 kö 而不对 ka，但是当然保不住有讹译。

② 世人大致承认奚就是嗢昆河碑上之 Tataby。马迦特（96 页）以为此名"显然"是 Tata 同 by 两名集合而成的。其中只有 by 可当中国载籍之奚，至若 Tata 就是 Tatar 古写的单数。由是马迦特将奚字的古读还原作 by，我对于这种解说怀疑得很。按奚字古读若 ghiäi；而且一直到隋朝的时候，此族仅以奚名，而在后来则名库莫奚。设若此名可以分为两段，则可以令人想到 Qumāq 同 ghaï；则又可对于马迦特所说的 Qūn（Coman）同 Qayi 的起源发生一种新假定了（一种 Qumān 的写法同 Qumāq 的写法并存，在东胡系语言之中也有其例，比方满洲语之 aïman，突厥、蒙古语则作 aïmaq。又一方面 Qūn 同 Qumāq 之相对，可经突厥语之 qum 对蒙古语之 khumakh 之例解之，此二字意皆为沙）。可是我觉得这三个字毫无可以分开的证据，而且第二个字的喉音收声，同第三字之呼音发声相合，尤足证明库莫奚是个全名，若以为他是个全名，他的对音大约是 Qomaghai 或 Qumaghai。字书的奚字只有奚音，在蒙古时代的读法应该如此。可是蒙古时代的载籍，常将亦乞不薛部落的名称，写作亦奚不薛，或亦奚卜薛，这好像乞奚二音可以相通（参考《元史本证》卷四九，这个中国南方部落的原来名称未详，按照译写的方法，应该与 Ikibüsä 或 Ikibüsä 相对）。

读，而所还原的古读多误。尤误者，采取乾隆时所改辽、金、元三史之音。其实乾隆时代改的语音，大致皆无价值。比方俄罗斯王Mstislav，《元史》写作密赤思老，本来很对。乾隆时改作穆尔奇札尔（Mür-kijār），又被马迦特同De Groot改作Mu（k）-'r-k'i-tsa（p）-'r，同原名相去之远，竟致无法可识了。

我再将语言同历史上的几点说明，按照原书页数胪列于后，以殿此文。

58页：Rachīd ed-Dīn曾说到"汗"所建之Karakorum（和林）城。马迦特说汗就是成吉思汗，可是流行的传说以为此和林城是Ögädäi（窝阔台）所建。这种传说或者错了（我也相信过，我将来有一天必说明理由）。可是单用一个汗字，时常指的是窝阔台，此处所指的或者就是他。又一方面和林是喀喇和林的省称，马迦特（120页）错把他当作黑林的相等名称。可是黑林在此处不是音译，乃是qara-tün的意译，这个名称在《元朝秘史》蒙文本中见过几次。

60页：在Qumlanču同Khumdān（长安）两个名称中间寻求何种关系，我觉得毫无理由。

114页："是哲琳流域"一语。乃是De Groot根据乾隆所改名称之误译。原译应作折连，就是折连川。蒙古语原名作Järän-kä'är，或Järän-kä'ärä，此言羚羊原。关于此名之汉译，可参考《元史本证》卷四九，其译名作黄羊川。关于武平一名之沿革，可参考《蒙兀儿史记》卷三。

114页：玉里伯里在虞集的《句容郡王碑》中作玉黎北里。根据《元史·土土哈传》，说钦察王族徙居玉里伯里山，因以为氏。好像仅用此名来指其族之一支。《元史列传》有二人名叫和尚，其中有一人本传见《元史》卷一三四，中云"玉耳别里伯牙吾台氏"。按伯牙吾台（Baya'ut）是13世纪时蒙古种同康里种中一部落之名（可参考马迦特在原书171页之说明）。这个玉耳别里同玉里伯里，必是同名异译无疑，其原名好像是 Yür-beli。如此看来，此处又有一个同以前根据其他来源所说的钦察不同的钦察后人了。这个和尚的祖父哈喇察儿（Qaračar），以其部落降成吉思汗。和尚的父亲名叫忽都思（Quduz）。又考《元史》（卷一二〇）《曷思麦里（'Ismaïl?）传》中有"征康里至孛子八里城、与其主霍脱思罕（Qotoz-khan）战"一语。按钦察同康里是紧邻，这个霍脱思罕同忽都思，颇有同为一人之可能。若是这个假定不错，这个译写中未曾用过的"子"字，好像是"于"字之误。大概是从玉里伯里误为孛于八里。可是"八里"二字也可令人想到是 balyq（此言城）的对音。这篇很有关系的《曷思麦里传》错误的地方显然不止一点，若是不能发现这篇本传的来历，现在在此点上几乎难求解决。汪辉祖的儿子并想将白里改作白野（《元史本证》卷十九），《元史》（卷一四三）塔不台（Tabutai）的儿子泰不华（Tai-buqa）本传，说他也是伯岳吾氏（Baya'ut），世居白野山。白里是玉里伯里的省称，也有其可能，然而不能必其为是。至若汪辉祖（《元史本证》卷四九）对于玉里伯牙所引《元史》（卷一百）之玉你伯牙，看他的方位，好像不能令人想到钦察。

115 页：《元史·土土哈传》所述钦察的事迹，将年代随意凑合。据说，蔑儿乞（Märkit）主火都（Qodu）奔钦察纳之。成吉思汗遣使索还，钦察国主亦纳思不允，成吉思汗怒，命讨之。会亦纳思老，国乱，其子忽鲁速蛮遣使欲归顺。时蒙哥（Moṅka 宪宗）受命帅师已扣其境，忽鲁速蛮之子班都察遂举族降。

《元史》在此处实在将相距约 20 年的事情连在一块。对于前一类的事情，应该决定的起点，就是速不台（Sübötäi）① 讨伐蔑儿乞的年代。马迦特（118 页）所录伊斯兰教撰述所记速不台征蔑儿乞之年，是回历 612 年，质言之，纪元 1215 至 1216 年之间。元史两《速不台

---

① 蒙文写作 Sübügätäi，《元朝秘史》则作 Sübü'ätäi，实在应读若 Sübötäi 或 Sübütäi。

传》中一传所记亦同，别一《速不台传》说他在蟾河①大战，尽灭蔑儿乞。可是《皇元圣武亲征录》将速不台一役位置在1217年。《元史》两《速不台传》（钧案一作雪不台）年代之纷歧当然可疑，而《元史》成书之速，致将一人列有二传。但是更奇怪的，《皇元圣武亲征录》与Rachīd-ed-Dīn所记年代也有纷歧。因为他们的记载大致相类，好像是互相翻译的，此处年代不应纷歧。可是此处的纷歧，也是表面的纷歧。Rachīd-ed-Dīn固说速不台征蔑儿乞事在回历612年，或纪元1215至1216年之间，可是他又附带说明在牛儿年。则此牛儿年必是1217年，并无甚么纷歧了。但是这个年代与别一重要蒙古史料之《元朝秘史》，所载又有不合。《元朝秘史》说速不台征蔑儿乞不在1217年，而在1206年。大战的地方不在世人未详的蟾河（Čäm-murän），而在Čui-murän，质言之，在现在热海（Balkhach）南边的吹河。又一方面，《元史》（卷一）将蔑儿乞破灭之事，位置在1208至1209年的冬天，此处有一个我不能不解决的问题。

无论如何，就算承认速不台之征钦察晚在1219年。蒙哥年纪还幼，还不能带兵，他所参与的事情，还在后来很远。虞集的《句容郡王碑》，与《土土哈传》相对之文后面说，"岁丁酉（1237），亦讷（碑文不作纳不知是否笔误）思之子忽鲁速蛮自归于太宗（窝阔台），而宪宗（蒙哥）受命帅师已及其国，忽鲁速蛮之班都察举族来归。"此文比《元史》较近真相，过了许多年，老亦纳思业已不成问题，代他统领部落的，是他的儿子忽鲁速蛮。必定是他风闻蒙古人大举征伐钦察同西方诸国的消息，先去投降窝阔台，可是晚了，蒙哥的兵已经到了本国。忽鲁速蛮不在国内，他的儿子班都察就替他投降了。伊斯兰教著作家未曾记述此事，亦不足异，中国史书虽有记载，

---

① 在两《速不台传》中皆作蟾河，在回纥亦都护（yduq-qut）《巴而术阿而忒的斤（Barčuq-art-tägin）传》中作襜河，其读音同。（《元史》卷一二二）《皇元圣武亲征录》作崭河，这皆是Rachīd-ed-Dīn之Čäm-murän。

然不见于本纪，仅见于列传。幸而亦纳思有一个后裔在忽必烈时代成为一个要人，所以扬名显亲，将他的祖先事迹留传于后世了。

蒙哥此役之年代，各种记载不尽相合，马迦特业转录《元史》卷二同卷三的《译文》，说 1235 年同 1236 年拔都（Batu）、贵由（Güyük）、蒙哥等，往征西域。蒙哥破钦察，生擒其酋八赤蛮（Bačman）。但是在《元史》卷六三《地理志》里面有一条，我觉得也有在此处转录之必要。其文如下：

> 太宗（窝阔台）甲午年（1234），命诸王拔都征西域、钦叉（Kiptchak）、阿速（As，Alains）、斡罗思（Oros，Russes）等国。岁乙未（1235），亦命宪宗（蒙哥）往焉。岁丁酉（1237），师至宽田吉思海（里海）傍，钦叉酋长八赤蛮逃避海岛中。适值大风吹海，水去而干，生禽八赤蛮。遂与诸王拔都征斡罗思，至也列赞（Ärzan，Riazan）① 城，七日破之。岁丁巳（1257），出师南征，以驸马剌真（Lajin＝Lačin 蒙文作 Način）之子乞歹（Kidai）为达鲁花赤（darughači），镇守斡罗思、阿思（As，Alains）。岁癸丑（1253），括斡罗思、阿思户口。②

八赤蛮在《元史》中之所以著名者，显然因为他被擒时风吹海水的异事。这件事可以表示天助未来的蒙哥皇帝。③ 可是我检出的这一条，含有一件新事，就是 1234 年命拔都征西域，次年又命蒙

---

① 关于 1237 年终攻取 Riazan 之事，可参考 Bretschneider 撰《中世纪寻究》第 1 册 312—316 页，又 Blochet 刊《蒙古史》第 2 册 46 页。Blochet 所还原之 Riazan，有几种抄本作 Ärzān（参考 Wolff 撰《蒙古史》142 页）。

② 参考《中世纪寻究》第 2 册 80 页。此书根据《元史》别一条，志有 1253 年括户口之事。至若 1257 年遣达鲁花赤之事，好像未曾经人检出。

③ 除开《元史·本纪》同我检出的这一条以外，《元史·五行志》（卷五〇）还将八赤蛮被擒的事情，当作灵异记下来了。照中国的译写方法，八赤蛮的对音好像是 Bačman。至若 Blochet（《蒙古史》第 2 册 44 页）所作的 Pačman，好像没有理由。

哥往会拔都一事。现在很难决定这个年代的是非，设若我们根据这一条所记的干支（因为这是真正蒙古人所记的年代、至若回历记年，不常恰与蒙古记年相合），同 Rachīd-ed-Dīn 所记的年代对照，则有下述的结果。Rachīd-ed-Dīn 说窝阔台命拔都、蒙哥、贵由征钦察，同其他诸国，是在羊儿年（1235）一大会所决定的，并未隐喻有拔都在前出发的事情。诸王同军队仅在猴儿年（1236）春天出发，经夏天到秋天，走到 Bolghār（不里阿耳）扎营。八赤蛮之被擒，事在 1236 至 1237 年的冬天。① 中国史书所载的 1237 年，好像晚了几个月，大约是在窝阔台接到八赤蛮被擒的捷报之时记下来的。

班都察之投降，必定也在这个时候。如此看来，虞集所撰《句容郡王碑》所志的丁酉年（1237）好像是对的，不过相差约有一年而已。《土土哈传》所记班都察举族归降以后，接着说"从征麦怯斯有功"。De Groot 的《译文》将麦怯斯的斯字归于下文，说麦怯是蔑儿乞，这种解释颇有困难，因为在 1237 年业已没有征蔑儿乞的问题了。这个麦怯斯乃是一个城名，同蔑儿乞毫无关系。此城数与阿兰（Alains）并称，应在高加索方面寻去。《元史》卷二说，1239 年冬月（阳历 11 月 27—12 月 26 日），"蒙哥帅师围阿速蔑怯思城，阅三月拔之"。阿速就是 As，此城必定是《元朝秘史》② 第 274 同第 275 则所志的蔑格惕（mägät）巴剌合速（此言城）。伊斯兰教的记述也知道有此城，Rachīd-ed-Dīn 曾说猪儿年（1239）冬蒙哥同诸王围

---

① 参考 Blochet 刊《蒙古史》第 2 册 41—45 页。
② 钧案伯希和所本的《元朝秘史》，就是叶德辉影抄的汉字注音足本蒙文《元朝秘史》，不是通行的《永乐大典》本节译的《元朝秘史》。此城名见叶刊《元朝秘史续集》卷二，27 页。《节译本》中无此名，后仿此。

Mănkăs 城，六星期后拔之，他所说的定是此城。①

135 页：Käm（Yénisséi）河，《元史》译作"欠"并作"谦"以外，又名其地曰谦州（卷六三），曰欠州（卷六同卷十二），还有全名的译音曰谦谦州（卷六同卷一五一）。长春真人《西游记》作俭俭州，《山居新语》作縑縑州（恐是谦谦州之误），这些译名皆是Käm-kämjik 的多数 Kämkämji'ut 之对音。马迦特说此显然是 Käm 同 Čik 部落的名称结合而成的，我却不很相信。

167 页：马迦特说 12 世纪末年的粘拔恩（金朝的读法等若 Näm-ba-'en），"显然"就是 Naïman（乃蛮）的对称，其实这两个名称不过音声稍类而已。我却以为这个粘拔恩就是《辽史》（卷二六）1096 年下同梅里急（蔑儿乞）并列的粘八葛（《辽史》的读法大致等若 Näm-ba-gä）。② 可是我对于这两个名称，不敢提出一种考订。说他是乃蛮，也有其可能。设若粘拔恩或粘八葛指的是乃蛮，则他是契丹语所指蒙古语乃蛮（此言八）的对称，也有其可能。不过根据留存到现代的少数契丹字，证明契丹语颚音很重而已。

195 页：可敦城与译者所指的蒙古语之 khoto 或 khotan 毫无关系，其实所指的是一个 Khatun（qatun 或 qaghatun）城。这个名称

---

① Bretschneider 的《中世纪寻究》第 1 册 316 页，曾采 Berezin 之 Mǎngǎs 的写法，同 1238 至 1239 年的年代，同此名比对。Mankas 的写法并见 Raverty 刊 Tabakāt-i-Naṣiri 166 页，可是说此城就是 d'Ohsson（《蒙古史》第 2 册 619 页）所志的 Mokos，并考订其为莫斯科（Moscou）（关于此种考订者，可参考《中世纪寻究》第 1 册 315 页）。可是 Raverty 又在 1171 页说到我们的 Mǎngǎs（Mǎnkǎs），我还未见此书第 2 册，不能加以说明。但是此事已见 Blochet 所刊行的 Rachid-ed-Din《蒙古史》43—47 页著录，其第 43 页一章的标题，将 Mäkäs 位置在俄罗斯同阿兰之间；其 46 页说有个属于 Ulai-tēmür（Vlaimir）的俄罗斯城被取之事。Blochet 曾将此城名还原作 Moksau（莫斯科）（见附刊 26 页），此城被蒙哥等诸王围攻三天夺取；复次在 47 页说有一个 Mǎnkǎs 城，在猪儿年（1239）冬被围六星期而攻下。案 Berezin 之文所说 1238 至 1039 年冬的事情，必指此事，不过按照回历计算年代。此处也可只须按照干支，可以证明 Rachid-ed-Din 同中国史文之一致。如此看来，此城之攻下应在 1239 年至 1240 年的冬天。此外 Blochet（附刊 26 页）说有一个中国人名称的莫怯思城，就是莫斯科，他未指明出处。可是这种写法我从未见过。他在《基督教东方杂志》（1909 年刊 83 页）业经考订有个茂怯思城是莫斯科，这个名字我也未在蒙古时代的载籍中见过。此二名好像皆是蔑怯思之误，然则同莫斯科毫无关系矣。

② 《辽史》（《图书集成本》卷二六）实作粘入葛（钧案《明监本》作粘八葛），可是卷七十则作粘八葛，似乎可以据以改正。

始于唐之回纥，而在辽时恢复他的旧名而已。从前有好几个可敦城（唐时俄属土耳其斯坦有一个可敦城，可参考沙畹撰《西突厥史料》58页）。1123年耶律大石西奔北庭（Bešbalyq别失八里）之时，曾从一个可敦城经过（《辽史》卷三十）。此外在《辽史》里面（尤其在卷三七），还有在外蒙古的一个或几个可敦城。松井所撰的《契丹可敦城考》，将一个可敦城位置在Etsin-ghol（元之亦集乃路），别有一个在外蒙古Orkhon同Kökšin-Orkhon两水汇流之处。①

203页：将Solangi改作Plan-Carpin记述中之"Tolangat Teleut"，并无必要。因为Solangi是蒙古时代称呼高丽人的名称，或者也是东胡部落的名称，不能说他在此处没有关系。至若说将Tümät的读法代替Tumat的读法，我觉得也不确实。《元朝秘史》的蒙文本的所录的音，很详细，常将他写作Tumat（秃马惕），同Khori-Tumat（豁里秃马惕。案豁里此言老）。②

203—204页：关于Ong-khan（汪罕亦作王罕）之死，同他的儿子Sängün（桑昆，钧案此名疑是将军二字之对音）之结局，可将中国的记载补正伊斯兰教的记载。Rachīd-ed-Dīn的记述说，汪罕败后，逃到Naïman（乃蛮）名叫Nigunusnn的地方，被两个名叫Khori-Subaǰu同Tung-Šal（或Iteng-šal）的头目杀了。汪罕的儿子桑昆就逃过Čöl（川勒），到了一个名称误作Istu，In-šan，Ašiq等名的城，又从此城到Büri Tübät。他在这个地方剽掠自给，本地的人将他驱走。他又逃往Khotan（和阗）同Kachgar（喀什噶尔）一带，到了Kūšān（曲先或作Kusaqu-Čār-Kuša）地方，被其主 Qalač（Qylyc）-Qara所杀。

《元史》（卷一）对于汪罕之死，没有详细的记载。只说"汪罕

---

① 见《满鲜地理历史研究报告》1915年刊第1册295—334页。
② 可参照《元史》卷一百中之火里秃麻。这也是Khori-Tumat之对音。至若《元朝秘史》第240则（钧案在叶本卷十第17页）之秃马惕同豁里秃马惕（Ghori-Tumat＝Khori-Tumat），在《元朝秘史》第八则（钧案在叶本卷一第6页）亦作附带属格的豁里秃马敦（Ghori-Tumatun），犹言豁里秃马的。Blochet《蒙古史》绪言275页遂将他误作Khorlarto-Madoun，此种讹译应该删除。

出走，路逢乃蛮部将，遂为其所杀"。

《元朝秘史》说："汪罕同桑昆边战边逃，走至的的克撒合勒（Didik-saghal）的涅坤水（Näkün-usun），汪罕渴了，将入去饮水，被乃蛮哨望的人豁里速别赤（Ghorisübäči）拿住，自说我是汪罕，（豁里速别赤）不认识他，也不信他，将他杀了。桑昆不入的的克撒合勒的涅坤水，从外去到 Čöl（川勒）。……"① （钧案此条在叶本卷 7 第 5 至第 8 页，上文是根据蒙文本译的。不是径录大典本的。）

还有一种重要不弱于前的一部中国撰述《皇元圣武亲征录》，可惜其文颇有脱讹。据其文云：他父子二人"至捏辟乌柳河，为乃蛮部主太阳（Tayang）可汗（qakhan）之将火里速八赤、贴迪沙二人所杀。"（钧案《元史》卷一成吉思汗破乃蛮时，说太阳罕进战之人亦名火力速八赤，不知是否一人。）

此文里面，捏辟乌柳，显是 Näkün-usu 的译音传写之误。辟字必是群字之误，柳字原为何字未详。大概原译那个字，其音读不作速，便作孙。　《元朝秘史》之豁里速别赤（Ghorisübäči ＝ Khorisübäči），必定应该分为两段，作 Khori-sübäči。后一段在此处用的是强音类的写法，不知道原来如何写法。② 可是要应注意的，《元朝秘史》只说有一个乃蛮哨望的人，而同 Rachīd-ed-Dīn 相类不止一点的《圣武亲征录》，皆说有两个人。《亲征录》的贴迪沙，显然就是 Erdmann 所识的 Iteng-šāl，③ 同 Berezin 所识的 Tung-šāl。其

---

① （钧案伯希和在此处根据《元秘史》的注音，将此段还原为罗马字。他既然说有一天将他还原的全文刊行，所以在此处将此段省略）拿蒙文本同汉译本共比较，大致还不差。可见汪罕的儿子在《元秘史》中作 Sängün（有时作 Sängüm）。可是在《元史》同《圣武亲征录》中，皆用桑昆的别一名称 Nilkha，写作亦剌合（或者因为发音在方言中鼻音丧失，或者因为蒙文原本用从前的旧法，未将发音的 n 字音点标明）。

② 《元朝秘史》、《亲征录》同 Rachid-ed-Din 之相合，可以证明 d'Ohsson《蒙古史》第 1 册 82 页中凑合突厥、蒙古语的 On-oussoun 一名之非。

③ 参考所撰《不能动摇的帖木真》297 页。

实 Berezin 所曾采用的那些抄本中，有两本皆作 Tātīk。如此看来，Rachīd-ed-Dīn 中的名称，不应作 Tung-šāl，而作 Tātīk-šāl 无疑。可是还有别一个结果，一旦这个 Tātīk-šāl 名称成立，好像不能不将他同《元朝秘史》的 Didik-saghal 比对。难道说《元朝秘史》所代表的，是说 Didik-saghal 是一地名的传说，而《亲征录》同 Rachīd-ed-Dīn 所代表的，是将变 Tētik-šāl 为人名的一种传说吗？此事有其可能，可是不能必其为是。其在 14 世纪翻译《元朝秘史》为汉文的译人，在的的克撒合勒旁边注了地名二字，可是不能证明他们没有误会。我所译的蒙文原本，可以将 Didik-saghal 解作一个突厥人或蒙古人的人名（尾上的 saghal＝sakhal 此言须）。好像是乃蛮部内的涅坤兀速（Näkün-usun）是属一个名称的的克撒合勒（Didik-saghal）的人所管。《亲征录》同 Rachīd-ed-Dīn 的来源，所以将 Tetik-sāl（或 Tedik-šal＝Didik-saghal）列在豁里速别赤杀汪罕的案件以内，因为杀汪罕的就是的的克撒合勒领地内哨望的人。

涅坤兀速的所在，毫未见有著录。大致应在戈壁的北边，因为桑昆一直到此处，皆同汪罕相处在一起。后来必定因疑虑不敢入涅坤兀速，好像是知道他父亲被杀的消息以后，才离去蒙古高原，逃到川勒（Čöl）。这个名称，在《元朝秘史》中凡两见，皆作地名。Berezin 在 Rachīd-ed-Dīn 相对记述之中，已见此名，已知就是《元朝秘史》的川勒名称。[①] 这个 Čöl 在现在中国新疆的突厥语（回语）中，尚指荒野地方，沙碛地方。现在库车的西方，同吐鲁番的南方，各有一山名唤 Čöl-tagh（后一字此言山）。蒙古人称沙碛曰 čöl-tala（后一字此言平原）。若要知道桑昆所经过的是何一沙碛，只要确定桑昆所赴的地点，而此事必须使我们研究关于桑昆死亡的记载。

---

① 见 *Trudy V. O. I. R. A. O.*，XV，146，314。

《元朝秘史》在此处代表一种多少含有故事的传说，能有助吾人考订者甚少。其文如下："桑昆不入的的克撒合勒的涅坤兀速，从外去到川勒，进去寻水吃，因见野马被蝇虻咬着。桑昆有两个伴当，就是管马的阔阔出（Kököčü），同阔阔出的妻。桑昆下马，将马教阔阔出拿着，自去窥野马，管马的阔阔出遂将马牵走。其妻说，金曾与你穿，滋味曾与你吃，如何撇着桑昆罕去了。他妻说着就落后立着不行。阔阔出说，难道说你将桑昆做丈夫么。其妻说，人虽说妇人是狗面皮，你可将这金盂子与他，教寻水吃。阔阔出遂将金盂子撇下，同来成吉思汗处，将弃了桑昆的原故都说了。成吉思汗说，赏赐他的妻，管马的阔阔出这般舍了正主，这等人如今如何倚仗他做伴，说着将他斩了。"

前面这段记载，只说桑昆初到沙碛的事情，后来桑昆的结局如何，《元朝秘史》毫无说明。我想桑昆的随从人，必不至像《元朝秘史》所说之少。《元朝秘史》这部书，虽然是成吉思汗死后几年中的撰述，可是时常具有一种英雄故事的性质，这一段就是一个榜样。其实根据其他中国载籍，桑昆业已逃过沙碛，并曾著录他所到的地方。

《元史》在此处记录也不甚详明。其卷一云："亦剌哈（质言之，桑昆）走西夏，日剽掠以自资。既而亦为西夏所攻，走至龟兹国，龟兹国主以兵讨杀之。"案西夏同龟兹国，皆是世人所认识的国名。如此看来，桑昆的行程是从北至南，经过戈壁，到了从前的西夏，现在甘肃的北边（今宁夏回族自治区西部[①]），又从此处西行，死于龟兹，质言之，死于今之库车。

由是我们对于 Rachīd-ed-Dīn 所记的，同马迦特所读作的 Kūšān 同 Kusaqu-Čar-Kusa 等名称，可得一种确实考订。今日名称库车

---

① 原文为"今宁夏省西部"。编者注。

（Kuča 本地人读若 Kučār）的地方，不知何故在汉、唐时译写的原名对音假拟是 Kūöï（龟兹），而在元、明时，大致写作 Kūsān（曲先）。① Kūsān（＝Kūsān）的写法，并见 Tārīkh-i-Rachīdī 著录。② 此名显然就是 Rachīd-ed-Dīn 的 Kūšān，而这个 Kūšān 好像应该改作 Kūsān。又一方面，这个 Kūsān 名称，应该是构成 Kusaqu-Čārkuša 名称的首一字。

现在再取《皇元圣武亲征录》之文考之。据云："亦剌合③走西夏，过亦即纳城，至波黎吐蕃部。即讨掠，且欲居之。吐蕃收集部众逐之，散走西域曲先，④ 居彻儿哥思蛮之地，为黑邻赤哈（Qylinč-Qara?）者杀之。"

上文"亦即纳"的写法，不能说错。中国校勘家业已认识他是《元史》"亦集乃"的异译。亦集乃就是现在的 Etsin-ghol。从前蒙古人曾在和林至亦集乃路之间设置驿站，桑昆从川勒到蒙古高原的南方，当然走到亦集乃路。由是诸写本中的 Istu，In-šan，Aṡiq⑤ 等等名称，应该可以改作 Itsin 或 Itsina，⑥ 此名原来或者是本于西夏语的，而不是本于蒙古语的。

我们现在还不大知道 Büri Täbät 一名所指的地方究在何处。此名曾见 Plan Carpin 著录，《亲征录》之"波黎吐蕃"也是指的此地。因为自唐代始，吐蕃即是 Tübät 的对称。按照《亲征录》著录的名

---

① 可参考《中世纪寻究》第 1 册 163 页，第 2 册 315 页、330 页，此外还要加入《元史》卷十二所著录之名。《元朝秘史》第 263 则中有一古先（Güsän），好像应该改作苦先（Küän）。按照汉字的译写，其原名应该是 Küsän，而不是 Kǔšän 或 Kušan.

② 参考 Eliss & Ross 的译本索引 Kuchar 同 Kusan 条。

③ 这个合字左旁，原注必有一个小"中"字，这就是《元朝秘史》的写法。因为蒙古时代的汉语，没有对 gha 的音，所以在合字旁边加一个小中字，用以标明他的对音。可是这些中字偏旁，在《亲征录》同《元史》里面，并皆删除。这两部书里面的合字，其实皆是对 gha 音的"帕"字。

④ 原文实作白先，中国校勘家说当作曲先，这种改正是不错的。

⑤ 马迦特在 Berezin 之后，以为 In-šan、就是阴山。可是阴山是山名，不是城名。而且阴山的方位过于偏东，而不在和林或阿尔泰山通西夏国的道上。复次，阴山在蒙古时代好像应该写作 Imšan。

⑥ 这种明白的答解，Howorth 业经在英国《王家亚洲协会报》1889 年 420 页中指出。

称之译写方法，似为 Böri-Tübät。然而中国译人所译的原本，其中字母或者业已不分 ö 同 ü 两个韵母，也有其可能。总之，此地不是西藏本部，而是西夏附近的一个地方，或者在西宁一带，或柴达木（Tsaïdam）一带。

我们现在抵于很难解释的一段了。根据《亲征录》之文，说桑昆走"曲先，居彻儿哥思蛮"。案彻儿哥思蛮理论上的对音，似是 Čärgäsmän。由是至少在此名收声方面，可以近对 Kusaqu-Čār-Kuša 一名的实在收声。根据 Berezin 许多写本的写法，名尾皆有 -mä，不知何故将他删除。d'Ohsson（第 1 册 82 页）业曾根据别的写本，识为 Keusatu-Tchar-Kaschme，而 Erdmann（298 页、597 页）也写作 Gusatu-dschau-gasmeh。案 -ä 同 -än 在语尾之互用，皆合蒙古语流行的用法。此名之第一段，应作 Küšän，从前已经说过。中间的 -qu-，好像可对《亲征录》的"居"字。然而我以为这种音声相对，乃是出于偶然。有些本子不作 q，而作 t，则成 Küsätü，然而也不像。我以为最好的答解，就是变更音点，将 t 改作 n，由是成为 Küsän-ü Čärgäsmä。此种写法中之 -ü，代表蒙古语的属格，犹言曲先的彻儿哥思蛮。换一句话说，告诉 Rachīd-ed-Dīn 的人，将这个连同属格的复名供给于他，而不解此复名之义。中国译人则解其意，所以说桑昆走到曲先，住在彻儿哥思蛮境内。至若这个 Čärgäsmä 或 Čärgäsmän 名称，别处未见著录，我在蒙古语或突厥语中今尚未得其解。

剩下来的，就是杀桑昆的人一件问题。d'Ohsson 将 Rachīd-ed-Dīn 著录的部落同人名，认作 Qallaǰ（Qalač）部落的 Qylyǰ-Qara 主。Berezin 又作 Oylyǰ 部落的 Qylyǰ-Qara。马迦特则谓为 Qalač 部落，而对于人名，则以为是 Qylyč-Qara，或是 Qalač-qara。此外 Erdmann（298 页）则名之曰 Qalač 苏丹（sultan）的 Qylyč-Arslan 主。

根据《亲征录》的写法，人名的前半，应作 Qylynč，① 而非 Qalač。后半似应还原为 qara，可是后面有一个"者"字，似误，还保不住是否即为此名。②

我考证汪罕同桑昆的死事，是有心作一种很长发挥的。因为这些事可以供给一个很好的例子，而足证明中国撰述同伊斯兰教撰述互相参证之功用。我想说的仅限于此。我在此文里面，未能将马迦特拿他的鸿博学识运用自如的一切问题，一概审查。比方古典语学家在此书 176 至 186 页里面，还可见到他对于 Pline 同 Ptolémée 所著录的民族名录发表的一大篇讨论。马迦特在在皆启诱些比对，提出些答解。此种答解见信于人的程度，固然不等，然在一个问题上用很多的同很繁杂的学识训练去调查，恐怕无有一人能及马迦特者。他这部书的弱点仅在汉语一方面，然而这不能算是他的过失。

---

① 按照汉字的译写，似此名是用回纥语 qylynč（蒙古语作 kilinča）此言"活动"一字构成的，而不像是用 qylyč 此言"刀"一字构成的。

② 《亲征录》云："为黑邻哈剌者杀之。"这个 Qylynč-qara 后面的一个"者"字，未经 Palladius 注意，但此字颇难索解。中国校勘家则以此字为译名中之一字，我以为此字或是含有"逐"或"擒"的意思之字的讹写。Erdmann 的名称不知何所本，根据 597 页他的注释，好像是本于 d'Ohsson 的，可是 d'Ohsson（第 1 册 82 页的那一段）仅作 Kilidj Cara。

乾隆西域武功图考证

伯希和　撰

序

我对于艺术从来不大感兴趣，当学生时常以游博物院或展览会为苦事；虽然到过若干陈列艺术品的地方，而现在尚记得的，只有伦敦英国博物院的若干木乃伊，巴黎基迈博物院的几十颗清代玉玺而已。所以我的译稿少言艺术，十余年前，因为哀辑王玄策事迹，曾译了一篇六朝与唐代的几个艺术家，可是不久便遗失了。这篇考证十几年前已经见过，翻阅一两页即便搁置，始意原不欲将其转为华言；近年译《入华耶稣会士传》，见传中常引此文，尤其是《蒋友仁传》，引得最多，使我不能不细读一遍，乃知此文涉及者，不仅艺术而已。姑就绘画言，《石渠宝笈》明白著录的西洋绘士只有郎世宁、艾启蒙，未明白著录的尚有王致诚、贺清泰，今读此文尚有安德义，其实18世纪之入华西士精绘事者尚有若干人未经中国载籍著录。又如镂刻铜版术最初输入中国，虽然未能流传，然而成绩可观，读此文可以明其源流。

伯希和教授这篇考证不分篇目，大概原拟作篇小考，后来信笔发挥，竟成长编。译文分为六节：一考绘画《乾隆平定西域战迹图》

之绘士为何人；二研寻法国锓刻图版之经过；三言锓刻刷印之工价；四言所印图画数目；五旁考后在中国续锓诸图；六考究此图之原来次第；而以续得之资料附焉。原印诸图，国内应有存者，惜未能见；原图序跋盖据石田干之助君发表之文转录云。

1940年1月5日冯承钧识

一

1767至1774年由戈善（Cochin）主持而在巴黎锓版之十六张"《中国皇帝武功图》"的后事，东方语言学家同艺术家大概是已经知道了。孟畹（Jean Monval）君在1905年[①]、戈尔迭（Henri Cordier）在1913年[②]曾经研究过。近来海尼史（Haenisch）君叙述1755年中国平定伊犁一役，曾将其中的二图解说。[③] 最后石田干之助君又根据汉文图说来重新说明这十六张图的内容。[④] 这些研究没有一种是可以忽视的，但是我以为在我1913年搜辑的同戈尔迭在当时声明行将发表的那些材料中，尚可作不少补充的说明。

下述的事实是世人知道的：据以锓版的画图是在北京奉敕绘成的，其中四图先在1765年寄往欧洲，余十二图后寄。孟畹、戈尔迭两君曾说这些图乃是奉到1765年7月13日的上谕寄往法国，可是上谕原文未曾公布。汉文原文固然见不着，但是法国国档库藏有法文译文一件[⑤]，其内容很有关系，我不能不将他完全转录于此。其文

[①] 《中国武功图》，见《古今艺术杂志》，1905年刊，第十八卷147—160页。

[②] 《中国皇帝武功图》，见《关于东亚之记录》第1册，1913年版，1—18页。

[③] 《1755年中国平定伊犁之役》，见《东亚期刊》（德文）第七年，1918年4月至9月刊58—86页。

[④] ノリ开雕乾隆年间准回两部平定得胜图に就て，见《东洋学报》1919年9月刊，第九卷第3册，396—448页。

[⑤] 关系十六张图画同锓版的文件大部分经国档库收藏，孟畹君曾经利用过的就是编O'1924号箧中的第二部分；各件皆有铅笔编的号数；下面转录之文在第一号文件中。这件上谕箧不见《东华录》。此外在编O'1116同O'1911—O'1931等号的箧中，尚收藏有若干文件。

若曰：

乾隆三十年五月二十日（1765年7月13日）上谕。

前命供奉京师之西洋绘士郎士宁等所绘《准噶尔回部等处得胜图》十六幅，今欲寄往欧罗巴洲选择良师锓为铜版，俾能与原图不爽毫厘。所有锓版工资照发，不得延误。郎士宁绘《爱玉史斫营图》，王致诚绘《阿尔楚尔战图》，艾启蒙绘《伊犁人民投降图》，安德义绘《呼尔满战图》，凡四幅，应先交首先放洋海舶运往。刻工必须迅速锓成，印一百套，连同铜版寄还。余十二图分三道寄往欧罗巴洲，每道四图。钦此。

上谕译文以外，O'1924（2）号箧中第一号文件附有下一文件：

1765年7月13日郎世宁修士致绘画研究院院长信札。

连同此札附寄之上谕，曾命锓版技师于所制图版，必须与原画不爽毫厘，其意甚明。然余欲皇帝十分满意与欧洲技师不负盛名，尚有二事应请注意。第一事刻版不论用雕凿抑用硝酸，务必使其精巧悦目，技师务必详加削正，俾其明晰，盖进呈于大皇帝之图版，不能不如是慎重也。第二事遵帝命于所定套数印齐以后，图版脱有漫漶，必须重新整理，然后寄回中国，俾在国内重印新本时，所印之图与初印之图同一美观。

上引的1765年上谕，业将首先所绘四图的标题同绘士指明；这是我们将来据以讨论的一个要点。至若四个绘士郎世宁、王致诚、艾启蒙、安德义，也就是后来续寄的十二图的绘士，至少可以说其中姓名可考的也是他们四人，这是世人所知道的。关于乾隆时供奉内廷这四个艺术家的事迹，还有可能纠正补充材料为前人所未检出的。①

（一）郎世宁，就是耶稣会修士 Joseph Castiglione 的汉名，他是四人中最知名的一个人；他的技术在四人中也可说最精。他在1688年生于 Milan，1715年到北京，供奉内廷迄于1766年7月16日之死②。他虽然是意大利人，然隶属北京的葡萄牙耶稣会士传教团。一直到今日，中国尚知郎世宁是有名画家。北京的欧洲侨民认识他画的乾隆妃子香妃的画像，香妃穿的欧式的盔甲，是他的游戏之笔。我收藏有郎世宁画的一幅二儿游戏图的照片；原图是制台端方内藏品③。我的朋友劳费（B. Laufer）君曾寄赠我一张郎世宁所绘花瓶的照片。前不久我曾经指出《中国名画集》第四集里面有一张郎世宁的画虎④。其后同一集第63册里面影印有郎世宁的一张笔迹，就是1744年画的乾隆皇帝《春日观马图》⑤，最后 Frey 将军曾将所藏郎世宁画的一卷《哈萨克乞儿吉思部落贡马图》赠给 Guimet 博物院。迄于现在，18世纪的欧洲画师在中国作的画，而经我们直接认识的，

---

① 当时供奉内廷传教师，每年常在海甸隶属圆明园的一个馆内，《传教信札》（*Lettres Edifiantes*）名此馆曰 Jon-y-koan，好像就是"如意馆"的对音，汉文书籍中必定有记载。钧案：《啸亭续录》卷一如意馆条云："如意馆在启祥宫南，馆室数楹，凡绘工文史及雕琢玉器，裱褙帖轴之诸匠皆在焉。乾隆中纯皇万几之暇，尝幸院中，看绘士作画，有用笔草率者，辄手教之。"

② 不幸我手边没有柏应理（Couplet）神甫译的《道学家传》，也没有费赖之（Pfister）神甫所撰的《入华耶稣会士传》，由是对于互相背驰之说不能有所选择（《武功图》3页）。戈尔迭说郎世宁于1715年8月抵中国，而 de Rochemonteix 神甫所撰的《钱德明传》（*Joseph Amiot* 1915年本15页）说他在1715年8月抵北京。又一方面戈尔迭说世宁殁于1764年（《武功图》3页；《潘廷璋传》1页），而 de Rochemonteix 神甫与 Sommervogel 神甫皆作1766年7月16日。案世宁殁年不得为1764，因为我上引的他那封信札是作于1765年7月13日的。如此看来，de Rochemonteix 神甫在后一年代方面具有理由；而在前一年代方面具有理由的应是戈尔迭《关于中国人之记录》第8册283页说世宁殁于1768年。

③ 参看《远东法国学校校刊》第九卷574页，我在其中言及此图。

④ 同前注。参看沙畹（Chavannes）说，见《通报》1909年刊527页；劳费君撰《基督教艺术之在中国》，16页及18页。

⑤ 此画有一个马之"飞腾"的好例子。Salomon Reinach 君在18世纪末年以前欧洲绘画里面尚未发现有马之飞腾的例子（参看《驰马的绘画》，见《考古学杂志》1900年刊第1册，单行本31页），这是世人所知道的。如此看来，郎世宁就是绘画"飞腾"的第一个欧洲画师，早于欧洲画的飞腾图约五十年；他定是采自中国艺术的。或者可以说欧洲画师所采的这种姿势，与中国艺术不无关系。这卷1744年郎世宁画的画，未经《国朝院画录》著录。

可以说大致只有郎世宁一个人的作品，这些作品有特别研究的价值①。

考据家胡敬1816年撰《国朝院画录》②，胪载《石渠宝笈》③所录郎世宁画五十六帧（卷一14—18页）。敬谓世宁工翎毛花卉，以海

---

① 关于17世纪中国之欧洲绘画，可参考劳费撰《基督教艺术之在中国》（见《东方语言学校校刊》，第13年1910年刊），同《一个中国圣母》（见 The Open Court 1912年刊），以及我撰的论文《利玛窦时代中国之欧式绘画与雕刻》（见《通报》第二辑第二〇卷，1920—1921年刊，1—18页）。我在此论文内曾言及17世纪欧洲绘画之流行中国，应该将一个引证提出，其证虽较晚（1703），可是系于同一风气。高士奇在其中誉扬一个欧洲肖像家工巧能与顾恺之相敌（《远东法国学校校刊》第十二卷第96—97页），此肖像家应是卫嘉禄（Belleville）修士，或者是 Modene 人 Gherardini。至若史式徽（de la Servière）在《江南传教史》第1册附录同第2册6页中著录之 Lon li min 的传说，我尚疑而未决，暂时难定此人为何人。我说迄于现在，18世纪的欧洲画师在中国作的画，而经我们认识的"大致只有"郎世宁一人。如果我不能够将潘廷璋（Giuseppe Panzi）修士作的一张画考证出来，我将说"只有"矣。此修士于1771年抵中国，1812年殁〔可参看戈尔迭撰《潘廷璋传》，从 Mélanges offerts à M. Emile Picot 1913年巴黎刊本抽印之单行本15页；我说廷璋在1771年抵中国，乃根据戈尔迭之说；然据《传教信札》，《文学英灵》本4册196页之著录，他仅在1773年1月12日抵北京；戈尔迭未曾发现1790年后廷璋的踪迹；可是 de Rodemonteix 神甫在他的《钱德明传》中引有廷璋的几封未刊信札，其中有一封是写于1795年的（430页），我说其人殁于1812年，也是本于同一传记（412页）的〕。廷璋曾在1789年将钱德明（Amiot）神甫的肖像一帧寄给国务大臣白尔丹（Batin），此像曾经 Helman 雕刻一次，又经一未详姓名的艺术家雕刻一次（参看戈尔迭撰《潘廷璋传》14页及《通报》1913年刊251页）。考 Delessert 君遗赠研究院图书馆那些白尔丹的文件中有雕像二，画像一，佚作家名（参看戈尔迭撰《中国书录》二版1041行），我想这帧画显是那二幅雕像的原本，而出于廷璋手绘者。我既在此处言及廷璋，不能不说明此人的汉名就是潘廷璋而不是戈尔迭所称潘若瑟（《武功图》3页；《通报》1916年刊283页），可参看《传教信札》；《文学英灵》本第4册，199页，203页，204页，214页。复次尚有别一部分画像流传欧洲。Feuillet de Conches（《欧洲画家之在中国》，1856年刊《现代杂志》抽印本38页）言及此类画像云："我们所见最华丽的中国画像，现藏罗马 Barberini 邸图书馆中。此邸传说这些像是中国皇帝本人赠给教皇 Urbain 八世（1623—1644）的，大概此说犹言欧洲传教师进呈教皇的。像数15—20帧，皆全身像，中国皇室自皇帝本人以至最幼皇子肖像皆备。诸像除一帧外皆着色，形貌、颜色、布置，皆完善，表示个性之强，我辈西方人之作品鲜有能与之比拟者。有一帧几完全同黑铅画，稍着色，绘一幼女，轻纱缠身，形体隐然可见，与埃及小像相类。此儿手持花朵。此像因其隐伏之简洁与姿势，使人觉有 Pérugin 最愉快的绘画之感。"此段文字后经同一著者在他所撰的 Causeries d'un curieux 第2册（1862年刊）79页中重行录出，仅将末尾数字更异；此像仅使人"觉有 Pérugin 优良绘画之感"。此文足以使人沉思。Urbain 八世是一 Barberini 族人，然诸像所代表者似应是崇祯皇帝与其家属；此种赠与，似乎甚奇；须待审查衣服，不难辨别其为明人抑为清人也。又一方面我尚未识有用铅画之中国古画。此类画像恐是较晚之画，而为某欧洲传教师或其弟子之手笔。

② 关于此书，可参考伯希和撰《说耕织图》，见关于《东亚之记录》第1册76页。

③ 《石渠宝笈》是搜罗俗家书画的汇集，《秘殿珠林》是搜罗释道书画的汇集，可并参考前注之《说耕织图》。我在1913年所发表的说明，今应补充如下：a.《秘殿珠林》第一编二十四卷，数年前经上海有正书局影印。b.《石渠宝笈》第一编四十四卷，1918年经商务印书馆影印。c.《石渠宝笈》第三编的标题目录，1917年经罗振玉君刊为三小册（无传）。关于郎世宁画的数目，散见《石渠宝笈》第一、第三两编各卷里面。胡敬（卷二，29页）说乾隆御制诗第五集中有一诗，咏郎世宁写真，而此画未经《石渠宝笈》收录，遗漏的必不止这一张。

西法为之，其书并将乾隆皇帝对于郎世宁画之种种题识采录，帝曾言世宁"写真无过其右者"。中有一画题"《哈萨克贡马图》"，作于1757年，应是 Guimet 博物院收藏的那张画图。

（二）王致诚，是耶稣会修士 Denis Attiret 的汉名。他在1702年生于 Dôle 城；1738年抵中国，加入北京法国耶稣会士传教团，而在1768年12月8日殁于北京[①]。关于此人的生平，同他供奉内廷的成绩，最好的参考资料就是钱德明神甫在1769年3月1日作于北京的一封很长信札，系致王致诚修士的一个亲属巴黎雕刻师 Attiret[②] 的；到了1775年，收信人曾将此札赠给王立图书馆[③]。

戈尔迭根据费赖之《入华耶稣会士传》同《道学家传》的两版译本，曾说这个修士的汉名是巴德尼；这个名称我没有在他书见过。1765年上谕的译文明说他名唤 Vanchichim，这就是王致诚的对音。有一件1765年的对照文件（见后），上谕中写的汉名就是王致诚。所以胡敬的《院画录》并未著录有名巴德尼的人，仅（卷二，15页）

[①] 关于王致诚者，可参考戈尔迭《武功图》3—5页，尤应参考 Georges Gazier 的王致诚修士，此传载入 Soc. d'Emulation du Doubs 记录第八辑第6册（1911年刊）17—40页。关于他的撰述，可连合参考 Sommervogel 神甫的《书录》（《钱德明与王致诚》条），同戈尔迭的《中国书录》第二版1053行，以及 Gazier 著录的书目；各有各的说明而不见他书者。然此三书皆未著录有 Chapuis 君在《中国时计》80页中指出亚、非、美三洲物理地理历史记录所刊布的那件王致诚的信札（1767年 Yverdon 刊）。Gazier 君所指出的重要参考资料而未经 Sommervogel 同戈尔迭等检出者，尤应注重 Ch. Weiss 在 Le Franc-Comtois 1843年2月至6月刊所刊布之王致诚修士之未刊信札。

[②] 巴黎之 Attiret 应是 Claude-François Attiret（1728至1804年间人）。可是我采用的那些资料皆说他是王致诚的从弟，而 Nagler 的《艺术家字典》同 Thieme & Becker 合撰的《艺术家普通字典》（皆德文）皆说他是致诚的侄儿。

[③] 此信札的大部分业已刊载于1771年的《学者报》（1771年6月刊406—420页）中。据 Gazier 说，1821年时曾有人根据王立图书馆收藏的写本抄有一本，现归 Besançon 城图书馆。信札的全文业经 Terwecoren 神甫根据1775年赠给王立图书馆的原本抄录一通，刊载于《历史摘要》1856年刊，437—453页，461—477页，485—500页。我前在国民图书馆中，并未觅得钱德明的原札。1868年 Luzarche 目录所列出售的书籍中列第1册，编1519号那件抄本，定是此本原本的抄本（倘若原本在国民图书馆遗失，或者这就是原本）（参看《中国书录》二版1053行）。这本目录题作钱德明致王致诚亲属"信札"一组，应误；其实是1769年3月1日写的一封长信。王致诚的死讯到达法国尚速，因为其长兄 J. B. Attiret 也是一个画师，居 Dôle 城，在1769年10月26日已经知道有这封信了〔国档库藏 O'1911 (5) no176〕。我不知道因何缘故，王致诚修士临死的时候，将其从弟的住址告诉钱德明，而不将其长兄的住址说出。

说《石渠宝笈》第二编收录有王致诚画的《十骏马图》一册。如尚有疑其汉名非是者，取其墓志观之，便释然矣。致诚殁葬北京郊外"法国"墓地，墓毁于1900年"拳匪"之乱。其墓志无存，然Zépbyrin Guillemin主教在1869年曾抄录一通，其文如下[①]：

> 距巴多明（Parrenin）神甫墓不远有王致诚修士墓，其拉丁文《墓志》云：Dionysiue Attiret 法国耶稣会士，在会三十三年，传教三十年，于一千七百六（钧案原误五，今改正）十八年十二月八日殁于北京，年六十六岁。反面汉文《碑志》云：王致诚，耶稣会士，法国人，供奉内廷凡三十年，得年六十六，殁赐葬银二百两。

此修士汉名王致诚，毫无疑义。至若巴德尼的名称，或者是他初抵中国时的名称，后来弃而不用，改用新名。可是迄今我尚未寻出参证此说的一个证据。

（三）艾启蒙是 Ignace Sichelbart（Sickelpart）神甫的汉名。他是捷克籍的耶稣会士，1708年生，1745年抵中国，1780年殁于北京[②]。其名已见1765年上谕。胡敬《院画录》（卷二，24页）说：启蒙善绘翎毛。《石渠宝笈》第二编录其作品八帧，第三编一帧。其一帧绘1771年内附的土尔扈特部长策伯克多尔济（CabakDorji）贡献之薛儿客思（Circassien）宝吉骝一匹。其余诸画也是画的动物。

（四）安德义就是 Jean Damascène 的汉名。戈尔迭说他是修士，至若1778年9月20日在北京未奉教敕而举行主教祝圣礼而殁于

[①] 此主教曾致 Union franc-Comtoise 信札一件，在1870年3月15日刊出；并转载入1870年罗马刊行的此主教《尺牍集》中（参看《中国书录》二版1131行）。我手边并无这些刊物。可是承外方传教会 Launay 神甫的好意，将 Endore de Colomban（＝abbé Gervaix）于1919年在澳门刊行的《远东人物》（第一集）交我一阅，此信札又转载于其中，在284页。

[②] 参看戈尔迭《武功图》5页。

1781年11月的那个同名的人，另是一人，不可相混①。可是我以为此二人确是一人。

首先要辩明的，我们毫无理由可以假定此安德义画师是个修士，而非神甫。诸图的署名，在他的名前用的职名简称，有时像修士，有时像神甫；毫无确证可据以定谳。但是要知道修士的名义作司铎的人也曾用过，这与寻常修士的意义不同②。至若寻常修士像王致诚或郎世宁，图上的署名，名前不用何种职名简称。1765年上谕的译人是住在北京的人，曾将郎世宁、王致诚两修士同艾启蒙、安德义两神甫分别清清楚楚。de Rochemonteix神甫言及此安德义画师时，毫不犹豫地称他为"安德义神甫"③。

1778年举行北京主教祝圣礼的安德义神甫，是一个不履奥斯定会士，罗马司铎，姓Salusti或Sallusti，其在教的完全名称是Jean Damascène de la Conception；宣教部的传教师，居住北京有年，不甚谙悉华语④。顾在当时居留北京西堂的宣教部传教师人数很少。好久只有一个宣教部传教师住在北京，此人就是改正奥斯定会士Sigismond神甫；可是后来人数加增了。钱德明神甫1774年信札有云："从意大利国内派来了一个画师同一个时计师，其后又来了一个医师，别言之一个自命为医师的人。第一个人属不履奥斯定会，第二人属小圣衣会，第三人属方济各会。后一人不当其职，甫到任即去职。别二人供奉内廷十年，后因人地不宜被遣出外。除此三人以外，还有第四人，亦属小圣衣会，然为日耳曼籍，是为独一通晓中国语

---

① 戈尔迭《武功图》3页，5页。
② 这个未来的主教安德义在1778年一件罗马文件中即被称为修士（Freter）（de Rochemonteix《钱德明传》498页）；但是他确是一位司铎。
③ 见《钱德明传》151页。蒋友仁（Benoist）神甫1773年11月4日的信札明谓潘廷璋、王致诚、郎世宁等为修士，安德义为神甫，他此时尚在供奉内廷（《传教信札》，《文学英灵》本，第4册197页）。
④ 《钱德明传》281页，498—499页。

言习惯而能执行传教师职务微有成绩的一个宣教部传教师。"① 这个日耳曼籍圣衣会士就是 Joseph de Saint-Thé-rèse 神甫，南京主教派来管理北京主教区的委员。时计师就是 Archange 神甫。医师名称未详。至若画师当然就是安德义画师了。由钱德明的信札可以看出他供奉内廷十年，到了 1774 年甚么职务皆无，仍旧回到西堂了。又一方面我们知道他居住北京虽久，几乎可以说不解华语。这些证据已经可以差不多考订安德义画师同 Jean Damascène Sallusti 主教同为一人。若是再将安德义画师在画图中用的名号审查一下，他的全名就是 Jean Damascène de la Conception，他是不履奥斯定会士，罗马人，宣教部的传教师，至此我觉得毫无疑义：1778 年成为北京主教的 Sallusti 就是从前供奉内廷的那位画师。他作主教的命运不佳，同作画师的命运一样。他供奉内廷十年而被遣出，姑不问其理由如何，他的才艺不大高明，这是可以说的。戈善说到头次寄的四张画图有一张"出安德义神甫手，为诸画中之欠佳者"②。1765 年上谕同我已经提及的那件汉文对照文件，使我们头次知道 Jean Damascène 神甫亦即 Sallusti 主教的汉名就是安德义③。可是他的绘画没有一帧被《石渠宝笈》录取，胡敬完全不知有其人。

二

世人对于图画寄到法国的情形，未免有点误解。孟畹、戈尔迭两君曾说 1765 年 7 月 13 日上谕，命将图画寄到"法国"。孟畹君云："英国印度公司尽其所能营谋承办此事；可是王致诚神甫（原文作神

---

① 《钱德明传》150—151 页。
② 参看孟畹《武功图》154—155 页。
③ 蒋友仁神甫 1773 年 11 月 4 日信札说 Ngantey 是意大利人，这就是他汉名的对音（《传教信札》，《文学英灵》本 4 册 214 页）。我既在本文中将若干旧日传教师的汉名予以补充纠正，今尚应说明者，蒋友仁神甫那些信札（《传教信札》4 册 219 页）并表示 Bourgeois 神甫汉名晁俊秀，而不是《通报》1916 年刊 274 页据《道学家传》译本转录的晁济各。

甫）得皇帝之宠眷，同他无人抗衡的才艺，为法国谋得此种利益。"①其实1765年7月13日上谕命将图画寄到"欧洲"，并未指明法国。又一方面蒋友仁神甫在1773年与乾隆皇帝谈话中，曾说选择法国承办锓版一事，乃是广州总督的主意；皇帝曾问他："是否汝等指明汝国，因此致书嘱托？"友仁答云："此处欧洲人固曾作有记录，随同初寄图画寄往；可是欧洲人在此类记录中，仅通知将来雕刻人锓版时必须谨遵上意，使所锓之版与所寄之画完全相符，所印套数及上谕所指定之其他情形，悉应遵守上命②。"如此看来，独选法国而不及他国，似在广州决定，而不是在北京决定的；皇帝同王致诚修士并未参加什么意见③。此事真相曾经戈尔迭引证白尔丹的一篇记录表现出来。英国人是接洽过的，可是当时驻在广州的法国耶稣会士传教会的会督Louis Joseph Le Febvre神甫，"曾托他熟识的某官向总督说欧洲各国培植艺术的莫过于法国，而雕刻术在法国尤其完善。"④

Le Febvre神甫必视承办此事足以发展法国在华势力，由是助长供奉内廷诸传教师的声望。可是法国印度公司驻在广州的代表对于此事表示不大热心。观其广州董事会1767年1月10日致巴黎该公司诸董事信札可以见之，中有云："于诸国中独被选出装饰皇宫，诚然荣耀之至，可是使吾辈犯冒不难免去的困难。道路既治，吾辈只好循路而行。唯无须规定期限，至少将期限延长，使吾辈不致违约。"⑤

驻广印度公司董事会表示这种忧虑，系在1767年运送第二次画

---

① 《武功图》149—150页。
② 戈尔迭《武功图》17页。
③ 孟畹君说到英国印度公司营谋承办，与王致诚参预的话，盖根据国档库O'1924（2）箧第一号文件而来。可是此文件是1766年终在白尔丹办公室撰的一种记录，其中仅言这些话乃是巴黎的一种"传说"；加之涉及的是"供奉北京内廷的一些传教师"，而指明是王致诚的，乃出孟畹君的本意。
④ 戈尔迭《武功图》5—6页，尤应参考他的《18世纪中国之在法国》（1910年巴黎刊），57—58页，其中录有全文。唯此记录时代较晚，必在后面所说的巴朗（Parent）1776年4月18日信札以后；或者因为开始调查错误，或者因为十年后记忆不清，所以有些不实不尽的话。白尔丹误以乾隆上谕在Le Febvre神甫运动以后。
⑤ 国档库藏O'1924（2）箧第四号文件。

图十二帧之时。然而中国人与法国印度公司订合同时，已在1765年接到上谕之时。旧例同西洋人办理一切商业事件，大致由公行商人居中办理。我们运气很好，曾将旧日保存公行商人潘同文等十人所订的汉文合同发现①。此文虽经Courant君翻译，而由戈尔迭于1902年在广州之公行商人②一文中刊布。此文孟畹君未获知之：戈尔迭在《武功图》一文中亦未提及，所以石田君亦未利用。因此我将他略为修改，转录如下：

广州公行商人潘同文等今向法国商业头领吁咖哩、喊咖嘲③定货，当众订立合同。

前奉总督部堂与粤海关道谕帖内开：奉上谕，命将《准噶尔回部等处得胜图》四帧转交，刻为铜版。连同朗世宁绘《爱玉史诈营图》一帧，王致诚绘《阿尔楚尔战图》一帧，艾启蒙绘《伊犁人民投降图》一帧，安德义绘《库尔璊战图》一帧，并附有意大利国番字两叶，西洋各国通行番字两叶④，交到本行，命即遵办等因。奉此，今将原图四帧，番字四叶交与头领吁咖哩、喊咖嘲，俾由白耶⑤船运往该国，交付该公班壹⑥。然后由该公班壹将各件交该国国务大臣，命人雕刻铜版四面，雕

---

① 国民图书馆藏汉文新藏本，编5231号。此文载1767年5月1日登记。钧案原文未见，今从法文译文转译。

② 《通报》第二辑第三卷304—306页。

③ 合同后载吁咖哩随船回法，喊咖嘲留居广州。较我熟悉法国印度公司的人必能考订此二人为何人。我以为喊咖嘲好像是Vauquelin，其人在1776年初设广州领事时被任为领事。他在从前到过远东数次，然不知其是否曾为广州法国印度公司董事会董事（参看戈尔迭《18世纪法国之在中国》，首64页，并散见本文各页，尤其是86页，并参看《通报》二辑九卷54页）。至若吁咖哩，我疑是de La Gannerie，其人在当时为广州印度公司董事会会长（参看《通报》1917年刊307页）。

④ 由别一文件的证明，此第二种番字指的是拉丁文。华人对于语言与文字当然不为区别，所以意大利文番字与拉丁文番字不同。

⑤ 此名在华文方面无意义，应是印度公司船名。熟悉当时往来中国船舶者，不难得其原名。就音声方面说，可以想到Berryer，但是此船在1767年初重到广东，不能说是白耶的对音。

⑥ 钧案原有此公班壹三字，乃Compagnie之音译，此言公司。

版应须遵守番字书内所开训示方法,俾雕版与原图不爽毫厘。版成,每版一面用坚固好纸印二百张,计共八百张,连同铜版分交两船寄回;每船应载铜版两面,每版印图一百张,计共四百张。此处所寄原图四帧,番字四叶,一并付交来船寄还,约应在乾隆三十三年(1768)寄到广东,以便转呈上宪。今交定钱花边银①五千两。工价如有不足,俟铜版到后,全数付清。海上如遇灾难,工价运费悉归本行负担。本合同缮写二份,一份交头领吁啲哩携归本国,以备遵守;一份交驻在广州头领喊咖嘲收执为证。双方不得延误。此乃上宪交办要件,雕版应甚精细,符合原图。版成即在限内全数寄来,愈早愈善。此合同交给头领吁啲哩、喊咖嘲。乾隆三十年(1765)月日。②(下署公行商人潘同文等十人姓名)

国民图书馆所保藏的这一件合同,显然就是吁啲哩携归法国的合同。两叶意大利文字同两叶拉丁文字,显然就是翻译7月13日上谕的文字,同郎世宁的说明书各一份。前此转录此种文件的法文译文,必定是法国印度公司人员的手笔。上谕的初译文应出郎世宁或其同伴手,由法文译本所保存的拼音方法可以证之:因为此种拼音方法就是北京葡萄牙耶稣会士通用的方法,而不是法兰西耶稣会士所用的宋君荣(Gaubil)同钱德明的拼音方法;如此看来,此事与王致诚确无关系,与隶属葡国传教团的郎世宁颇有牵连。此外郎世宁并用意大利文字同拉丁文字,可见他原不知向何国镂版;仅欲使上谕同他的说明书到处可以了解而已。至若此类意大利文字同拉丁文字说明书的存佚,巴朗1776年的信札证明头次绘画四帧寄到法国时,

---

① 1765年时,现行银圆尚未存在,可是欧洲人在广州用圆计算。好像公行所付定银五千两不是银锭而是银圆,应是西班牙银圆。

② 原合同未著月日。

他曾见过①。我们现在看不见，必定是按照公行商人的合同，连同锓版寄回中国了。

头次寄的绘画四帧，大概在 1766 年初（由白耶船?）运载②，于 1766 年秋天到达法国。公行所订合同特别载明将画图交与"国务大臣"命人锓版，可是毫无证明吁咖哩携带合同全部译本之文；总之现在未见此类译文，而在国档库所藏卷宗里面毫无隐喻合同之语。至若喊咖嘲的报告文，吁咖哩的报告文或报告语，内容若何？我们不知，因为此种报告迄于现在尚未经人指出；印度公司的卷宗，大部分毁于革命时代，这是世人所知道的。可是公司见有郎世宁的说明书，确是事实，据法文译文，此书是致"绘画研究院院长"的，但未指明何国的研究院③。印度公司诸理事首先不理这件说明书，而由本公司去寻锓版的人。可是管理此公司的长官国务大臣白尔丹手下的第一书记官巴朗，在公司董事处看见了郎世宁的说明书，就向诸董事提起注意，以为执行此事与公司无干，而"中国皇帝明言交艺术大臣，质言之，交王家建造总监执行"。巴朗于是报告其长官白尔丹，复由白尔丹告诉建造总监兼绘画研究院院长马利尼（de Marigny）侯爵，已而马利尼"取得国王命令，将绘画提出"④。

到了 1766 年 12 月 17 日，印度公司诸董事始遵从巴朗的意见，

---

① 参看戈尔迭《武功图》7 页。

② 广州董事会声明 1767 年寄图时，曾言第一次寄图事在"去年"；则海船只能在 1766 年初离开广州。

③ 孟睆君（《武功图》150 页）同戈尔迭（《18 世纪法国之在中国》55 页；《武功图》6 页）皆说郎世宁的说明书是寄给"艺术司长"的；此种指示仅在 Helman 缩印的图后附说中有之（参看戈尔迭《18 世纪法国之在中国》16 页），其说应误。巴朗所见的郎世宁说明书，是"法文拉丁文意大利文"，他说是致"美术长"的（戈尔迭《武功图》7 页），我们不能绝对反证他，因为我们只认识此说明书的法文译本；可是巴朗作于 1776 年，既在 10 年以后，他的记忆或者不确吧。前此所引的白尔丹那件记录（戈尔迭《法国之在中国》58 页），曾说郎世宁所寄拉丁文意大利文法文的信札系致"艺术长"的（未著录研究院院长的衔名）。仅据现在所见的郎世宁信札法文译文言之，白尔丹的话完全错误。至若出于 d'Angiviller 伯爵办公室 1775 年的一篇记录（见后），说郎世宁的信札系致"法国雕刻长"的，其言尤不可信；因为郎世宁信札确未言及法国。

④ 1776 年 4 月 18 日巴朗自 Séville 致白尔丹信札（戈尔迭《武功图》7 页）。

决定作书通知马利尼侯爵,此札抄本一份现藏国档库①,其文如下:

> 1766 年 12 月 17 日印度公司诸管理员与董事等致马利尼侯爵信札抄本。
>
> 中国商人名 Lankeikoua②者,曾将中国皇帝战胜满洲达子画图四帧,交与广州本公司职员。其人代表本城大宪,请将此种画图运来法国,遵照皇帝上谕,交由良匠锓版,同时交下上谕译文两份,一拉丁文,一意大利文,此上谕译文以及画图,皆由耶稣会士郎世宁神甫遵奉帝命寄来。以上各件附有此神甫致绘画研究院院长信札一件,嘱其雕刻精良,同时书明条件。吾人以为成绩关系法国艺术家荣誉的工作之指导,专属执事之职权,仅将上谕与郎世宁神甫信札之译文奉呈;而有不能已于言者,欲使皇帝满意,此项工作盼在下年 12 月完成,俾能利用公司届时航赴中国船舶运寄。执行此事之费用,概由本公司付给,请示日期,即将四图以及所言其他附件奉呈。云云。(下署 Brisson 等八人名)

印度公司董事信札抄本后附有记录一件,显系出自白尔丹办公室者,其文如下:

> 现在君临中国之乾隆皇帝,赏识法国工业,命广州印度公司职员将其战胜不忘旧朝的叛徒之画图四大帧寄到法国,命人锓版;此四图现在巴黎印度公司管理员与董事等手中。帝欲锓

---

① 在 O'1924 (2) 箧,编第一号文件中。
② 应从 d'Angiviller 伯爵 1775 年文件改作 Pankeikoua。是为潘溪官之对音,此乃广州公行之一,迄于 19 世纪中叶尚存;参看《通报》二辑三卷,307—310 页;戈尔迭《法国之在中国》61 页、62 页;H. B. Morse《中国行会》,1909 年伦敦刊本 69 页。此处所言之潘溪官即是 1765 年合同中第一署名人潘同文。

铜版四面，锓成后每版印图二百张寄还；所需费用已将银一万六千两（每两合七 Livres 十 Sols，共合十一万二千八百 Livres）发交公司职员。帝并欲将原图四帧与铜版暨印图一并寄还。闻英国印度公司竭力营谋承办此事，然供奉北京内廷诸传教师为法国谋得此利。有人以为如将四图在 Sèvres 王立磁业工厂美型磁瓶之上缩为小型，而以赠送，必能博中国皇帝欢心，第若将同一图画织于 Gobelins 或 Beauvais 王立工厂壁衣之上，欢欣尤甚。云云①。

此记录后又附有白尔丹致马利尼侯爵信札一件，题 1766 年 12 月 27 日，其文如下：

  现在送呈之记录，业已呈请国王核阅，关于 Sèvres 工厂一事，王已命余为之；王命将此记录送达执事，此记录中所请办理诸事，关系贵署者，悉本王命而行，第须先向印度公司调查，并检阅经由印度公司转致建造总监之信札一件。云云。

织此四图为壁衣一事，好像无结果。制为瓶画一事，上引白尔丹信札，好像业已发布命令。Sèvres 工厂厂长 1920 年 11 月 17 日来信说关于此点，本厂卷宗无案可稽，且云："关于 18 世纪厂中艺术出品之记载，此类档卷收藏甚稀。"②

如此看来，赖有白尔丹的干涉，画图四帧始交到马利尼侯爵手

---

① 后文胪举承办此事之商业政治宗教等利益。
② 厂长告我现藏本厂陶器陈列馆者，尚有名称"中国皇帝"之雏形一尊，乃（1775）La Riche 所制，乾隆皇帝全身像之原型，其后继续制作，尚以此为模范之一。据 1781 年 11 月 16 日白尔丹致潘廷璋信札，说此像一具与法国磁器上绘乾隆肖像一帧寄至北京内廷（戈尔迭《潘廷璋传》9 页；《法国之在中国》83 页）。

中，唯不以绘画研究院院长名义收领，而以建造总监的名义收领①；交付的日期好像是在1766年12月31日②。

白尔丹在此1766年12月31日，言及中国寄来的四帧"华美"画图时，颇表示欢感，他说："这些用中国墨描的图画很美；郎世宁神甫（原作神甫）同王致诚修士的作品尤为超群。"③可是他又附带说："我尚未见，不过闻Poivre④君及他人言，以为如此。"但是艺术界中人佩服好像不若是之甚。尤其是镂刻安德义的画图时，戈善预计必须预先将图修正，到后来镂这张版的人交版期限竟较其他三人晚交一月⑤。1769年马利尼侯爵因为王致诚作的图画，致书给致诚之兄，竟毫无疑虑地说："既然就中国风味画出，老实说奇特胜于美观。"⑥建造总监这种鉴定，并经戈善本人赞成。1770年1月3日有个Viguèer神甫在Besançon城致书给马利尼侯爵，愿将王致诚修士从北京寄来的两本画册卖给他，索价二十五路易（Louis），一册内容是圆明园的版画，一册他以为是乾隆母后六旬万寿的画图。马利尼

---

① 这是根据上引1766年12月27日白尔丹信札末尾之文同镂版师契约用语而来的。这一定是白尔丹要说的话，当他在稍后的记录中曾说郎世宁的信札系交艺术长的，并明说未著录研究院院长的衔名（此误），可以见之。至若Helman表面相反的说明，可以无须研求（参看戈尔迭《法国之在中国》16页）。好像1766年终时对于此种图画发生若干竞争敌对的事情，1771年5月18日白尔丹致马利尼侯爵信札云："执事应忆及当余命将四年前中国皇帝寄到法国的战图移交执事指挥镂版时，此种图画所经之危险……"所隐喻者恐不仅印度公司董事觅人镂版一事（戈尔迭《法国之在中国》59页；《武功图》16页）。戈尔迭根据研究院所藏白尔丹文件中一件抄本而引证此札，并及1771年5月18日的年月，然同一信札现藏国档库〔O'1924（2）54—56号〕，所题年月是"1771年5月秒"。

② 参看戈尔迭《武功图》7页。这个年月不一定对，据我所知，好像仅见Helnan翻刻十六图后面附的说明（参看戈尔迭《法国之在中国》16页），此说明有好几处错误，不足为准。

③ 戈尔迭《武功图》8页。

④ 图画应从Lorient港寄达，1767年1月7日Pierre Poivre适在此港（参看《通报》1914年刊309页）。可是好像当时他未见此图，后在巴黎始获见之。总之，根据现在所保存Poivre与白尔丹之通讯，在前引白尔丹信札以前，毫无涉及图画之语。Poivre于1767年1月12日致书于白尔丹云："公对于皇帝战图四帧之见解，必为北京诸传教师所欣赏，余敢信彼等必设法转呈皇帝同欣赏之。"（《通报》1914年刊312页）然白尔丹之见解若何，吾人未详。

⑤ 国档库藏O'1924（2）第六至第十号文件。

⑥ 国档库藏O'1911（5）第一七七号文件。

侯爵仓卒间未细读此札，以为此神甫所售者是王致诚的原作，批其上云："交戈善君一阅，征其对于王致诚修士图画的意见。"1770年1月11日戈善答书说，此非原本画，乃根据王致诚图画雕版印的画，并说"这个画家庸劣"①。就实际说，当1766至1767年间，世人对于中国皇帝"订货"认为重要，对于图画价值，未尝注意。可是对于法国的美丽锓版足以引起乾隆之赏识，是决未怀疑的。此事可使法国得到一种尊敬，一种信任，使之有别于荷兰人，葡萄牙人，尤其是英吉利人，俾能取得商业同宗教方面的贵重利益。

欲达此目的，应该觅求才艺著名的艺术家；如是命戈善去选择。1767年4月22日选定 Le Bas，Saint-Aubin，Prévost，Aliamet 四人承办锓版事业，每人担任一版，各人尽其所能在1768年10月交货，只有担任雕刻安德义图画铜版的 Saint-Aubin 可以延期一月，在1768年11月交货②。

---

① 此札现藏国档库 O'1912（1）编第七第八第九等号。此处所言之画册，与中国锓版之沿革不无关系，后此我别有说。兹转录三札于后。Viguier 神甫1770年1月3日信札云："余有画册二册，乃中国皇帝第一画师王致诚修士从北京寄来，如得公之同意，将折价二十五路易而以属公。一册蓝套，内有中国书二册，高十指，宽六指，凡图四十帧，中间折叠。是为北京城外圆明园之描画。一册黄套，内容书三册，第一册汉文，后二册图一四七帧，皆中间折叠，高十一指八，宽称是。是为1752年顷皇太后六旬万寿庆祝之图。彩饰自圆明园抵于城内皇宫，约延长四十里（钧案《国朝院画录》卷下25页，著录冷枚等合画康熙六旬万寿图，'京师九门内外张乐然灯，建立锦坊彩亭……依辇路经行之处，绘为图画；自神武门至西直门为上卷，自西直门外至畅春园为下卷……'）。公取耶稣会诸神甫之传教信札阅之，可得其详。王致诚修士有描写圆明园之信札，钱德明神甫有记述皇太后盛典之信札。"案 Viguier 神甫所言王致诚修士信札，就是1743年11月1日致 d'Assaut 之信札（《传教信札》，《文学英灵》本第3册，786—795页）；此札作于圆明园欧式宫殿建筑以前。至若钱德明神甫信札，就是1752年10月20日信札（《传教信札》同本第3册，832—841页）。戈善1770年1月11日致马利尼信札云："求售之物非王致诚神甫画图，其人乃一庸劣画家，盖为根据致诚图画雕版翻印之画。笔尚正确，所附诸写本或者足广异闻。索价似不为过，唯此种异物应属王立图书馆收藏，不宜归建造署存贮。"如果1770年1月4日（殆为14日之误）答 Viguier 神甫书，命其向王立图书馆当局接洽。马利尼以为画册出王致诚手，固误，戈善以此画册本致诚图画刻版翻印，亦误。此外 Viguier 神甫信札未言其求售之画册一部分为写本，戈善所言不知何所据。如果确是1751年（这是真正的年代）的万寿盛典图，其事或有可能，因为此图在1770年尚未雕刻，而在当时寄到法国的，至少有一画本。但是这件重价礼物如何至 Viguier 神甫手中，其事诚不可解。我后此将说明这第二套图定是1713年康熙六旬盛典图，而非1751年皇太后的六旬盛典图。后来 Viguier 神甫是否向王立图书馆求售，我们不知道；如有此举，必未成交，因为现在国民图书馆所藏写本图画中似无1770年信札所说的那种画册。

② 国档库藏 O'1924（2）第六至第十号文件；是为承办书原本。

其余图画十二帧在 1767 年 7 月①到达；附有广州印度公司董事会 1767 年 1 月 10 日信札一件，现藏国档库，其文如下②：

今将《中国皇帝战胜图》十二帧奉上，此十二图分装三篚，每篚四图，Le Berryer，Le Penthievre，Le Duras 三船各运一篚。去年曾将相类图画寄奉。请慎重将事，俾能于限期内完成。于诸国中独被选出装饰皇宫，诚然荣耀之至，可是使吾辈犯冒不难免去的困难。道路既治，吾辈只好循路而行。唯无须规定期限，至少将期限延长，使吾辈不致违约。今所为之祈请，实属正当，足以引起执事之注意，盖其事不特关系吾人；脱有疏误，受其害者非吾人，殆将危及诸大商家，而反响必定波及本公司。云。

就此信札观之，印度公司人员所忧虑的，诚恐锓版交付太迟，致撄帝怒，而使公行商人与广州官宪发生纠葛。可是虽然有这些嘱托，延期竟有数年。首先四图承办时所订的完工年月，已不是印度公司 1766 年 12 月信札所要求的 1767 年 12 月，仅请诸艺术家尽其所能在 1768 年 10 月与 11 月交货③。此种期限尚还不足，有两版晚在 1769 年 12 月 17 日完工。而且还未立时付寄，因为蒋友仁神甫 1773 年抄之一信札，曾说在 1772 年 12 月初第一批寄到北京的七面铜版以

---

① 戈尔迭《武功图》10 页。此年月见 1769 年白尔丹之一信札，唯甚可异，因为印度公司诸董事仅在 1767 年 9 月 20 日以十二帧图画到达事通知马利尼侯爵；这些图画必定是同这件信札一并送去，因为 9 月 21 日马利尼答复说收到三篚图画，计十二帧（盖由三船运载，见下文）；参看国档库藏 O'1924 (2) 第二号及第十五号文件。
② 国档库藏 O'1924 (2) 第四号文件。
③ 马利尼侯爵 1767 年 4 月 19 日致戈善信札力持锓版人必须在 1768 年抄完工，他们则以为非在 1769 年抄不能竣事。马利尼又说"一年延迟，法国将失去首先交货之利"（参看孟畹《武功图》151—152）。可是承办的只有法国一国，这末一句话不可解。

前，未曾收到过铜版一面①。我仅发现第二次寄的第十一图版同第十二图版的承办书；有两件订于1767年12月2日②，八件订于1768年2月1日③，一件订于1768年3月26日④。工作亘七年，最后收据是在1774年杪开具的⑤。我不知道锓版是否有在1773年到中国的。总之有一新批图版三箱由Superbe船运载，于1774年8月29日抵澳门⑥。最后锓版与印图在1774年12月从巴黎寄出，在1775年上半年内恐难运到中国。蒋友仁神甫欲使皇帝忍耐，曾对皇帝说"头次锓版虽佳，大臣以为所用雕版方法恐怕不合此处风味，宁可将版作废，重新锓刻……"⑦我在国档库所藏卷宗里面，并未见有相类事情⑧。

三

锓版的工价，是由印度公司将款交给国库，而由国库转发，可是印度公司也代替中国皇帝给付，质言之代替广州公司商人给付，我想最后担任费用的，必定是公行商人⑨。

前录1765年7月13日上谕的译文曾命将图画寄往欧洲锓版，工

---

① 《传教信札》，《文学英灵》本，第4册222页；同戈尔迭所刊布与1773年11月16日致白尔丹信札对照之信札（《武功图》16—18页在节抄；《通报》1917年刊341—349页有全文）。《通报》1917年刊343页曾说《传教信札》继续转录之三札，内第一札作于1773年11月4日，乃致du Gad神甫者。第二、第三两札未题年月，似作于是年年杪。

② 国档库藏O'1924（2）第十九号文件。

③ 国档库藏O'1911（4）第十八至第二十三号文件。

④ 国档库藏O'1924（2）第二十一号文件。

⑤ 孟晒君（《武功图》154页）与戈尔迭（《武功图》11页）皆作1774年1月，并误。谓在年杪者，盖据戈善1774年12月6日请付工费信札而言。此札并云："中国锓版已交，所印图画最后一批将在两三日内送交。"

⑥ 戈尔迭《法国之在中国》38页，60页。

⑦ 《传教信札》第4册209页；戈尔迭《武功图》17页；《通报》1917年刊346页。乾隆与蒋友仁神甫之谈话，事在潘廷璋修士为皇帝写真时，质言之，在1773年初数月中。不知何为蒋友仁神甫对于他在信札中所说七版已在1772年12月初到京的话，竟未提及。

⑧ 但是蒋友仁神甫接有1769年戈善所撰关于锓版印图的一篇记录，此录在1770年寄到北京；其内容未详。

⑨ 樊国（Favier）主教《北京志》（1697年北京刻本）215页说锓版"由路易十五世给费"，此说完全错误。

资照发不得延误，而公行商人1765年订的合同言明当时交"定钱五千两"。此外白尔丹办公室在1766年抄编的记录说："皇帝已将银一万六千两（每两合七里物十苏，共合十一万二千八百里物）发交公司职员①。"此记录所载付款之文应与初寄四图同时到达；则在1765年订合同后，1766年初海船放洋前，公行商人曾为第二次之给付。可是这件问题因为广州印度公司簿记负债项下又有新收，更加复杂②。公司账目有一条说："1765与1766年公行因中国皇帝得胜图镂版事存贮本行银二万两，每圆折合银七钱一分八厘，共为银圆二万七千八百五十五圆又十六分之二。"

如此看来，公行第一次付银五千两，第二次付银一万一千两，第三次付银四千两。广东印度公司账上二万两的总数是无可疑的。由是公行商人在1765同1766年共付过十五万里物，就白尔丹记录每两折合七里物十苏的计算，同当时远东银圆折合里物的价格，所折合的总数应为此数③。

可是此时以后，公行尚有其他付给。印度公司在1773年向公行要求五万里物，以作1765至1766年所付镂版费用不敷之费；1773年12月28日公司收到六千圆，尚余一千二百圆未付④。这是一种很奇怪的簿记，因为六千圆加一千二百圆等如七千二百圆，应折合三八八八〇里物，而非五万里物；此处应是传抄有误，只有1773年收

---

① 记录此节曾经孟晼（《武功图》150页）戈尔迭（《武功图》6页）二君转录，皆未表示意见，可是白尔丹属员的计算，如是以二十苏合成为一里物，总数却有误算。若以七里物十苏折合银一两，则银一万六千两应合十二万里物。如果记录原本中总数十一万二千八百里物不误，则每银一两不能折合七里物十苏，只能折合七里物一苏；我以为错在总数，行将说明错误的理由；则错误所自出，不是记录抄本，而是原本。

② 参看戈尔迭《18世纪法国之在中国》14页。

③ 每圆折合银七钱一分余，与我们所知道的旧日折算相符。至若银圆折合里物，当时广州商行作一百零八苏计算别言之，作五里物八苏（参考戈尔迭《法国之在中国》，94—95页，98—99页，106—107页）。则二七八五五圆又十六分之二以银圆折合五里物八苏计算，应合一五〇四一七里物有奇。既然二七八五五圆又十六分之二等如银二万两，则每两应合七里物十苏，而不应是七里物一苏。如是看来，白尔丹记录有误，不能说是传抄之误。

④ 参看戈尔迭《法国之在中国》，31页，32页，61页，105页。

到的六千圆是唯一确实数目。当 1774 年 8 月杪 Superbe 船三箱图版运到之时，de Robien 不顾董事会的意见，将三箱图版交给公行，并要求公行承认四千圆的债权，代表旧欠一千二百圆同新欠的总数；此四千圆已由公行在 1775 年 1 月 12 日付给[①]。最后一批图版在 1775 年中寄到，公司未曾要求何种费用。如此看来，账目已清。可是 1776 年新设广州领馆 Vauquelin 被任为领事之时，他向公行要求一万圆，以作《武功图》锓版余欠额抵补费用，当时收到二千圆；此二千圆或一万〇八百里物已登记入 Vauquelin 账目 1779 年 1 月 1 日项下。1779 年 12 月 20 日又收到三千圆或一万六千二百里物，又分别登记入 1780 年 1 月 1 日同 12 月 31 日账中；他将此五千圆供作领馆经费。Vauquelin 殁于 1782 年 9 月 23 日，可是同年 2 月 3 日（July de Febuary）已经在巴黎认为 Vauquelin 所要求万圆太不正当，力持将这五千圆不当利得归还公行商人[②]。此款应在 1783 年退还[③]。

若将 1773 年同 1775 年之一万圆或五万四千里物，与 1765 至 1766 年之十五万里物合并计算，可见公行商人所付锓版费用共为二十万四千里物。至在巴黎所付费用，每锓版师每版锓费一万里物，只有 Prevost 所锓艾启蒙画图工作较繁，得价一万一千里物，Choffard 包锓两版，共得价一万五千里物。总计锓版师所得共为十五万六千里物。又一方面，主持其事的戈善，曾经修改若干图版，所得报酬细情未详[④]。国档库 O'1924（2）箧中保存有一篇账目，总计截至 1774 年 1 月，共付工价等费约有十六万八千里物。其后尚有付款一万五千至两万里物的痕迹。若将最后几版的印刷费、包装费、运载费合计起来，同广州公行所付的二十万四千里物，

[①] 同书 47 页，60—62 页，105 页。
[②] 同书 94 页，95 页，98 页，99 页，105 页，107 页，111 页，125—126 页，136 页。
[③] 同书 259 页。
[④] 戈善在 1774 年 7 月杪就是用这个名义领到八百里物，见国档库藏 O'1912（5）第八十号同第八十二号文件。

相差不远①。

四

相传法国所印之图只有一百套；赫尔茫（Helman）缩印图后附的图说诚然如此说："是图在 1774 年完全竣事，图版同所印图画一百套业已完全寄往中国；仅有王室与王立图书馆，留有极少套数，所以罕觏。"② 可是赫尔茫的图说在此处又错了。

首先应该将留在法国的那些套数撇开。无论中国皇帝最后要求印刷的数目若干，必须照数完全寄去，这是显然无疑的。如此看来，留存欧洲的那些套数必是印刷的余数③。好像首先的时候马利尼侯爵的左右很想大为利用。王致诚的长兄在 Dôle 城听说有人在巴黎雕刻他兄弟的图画，曾于 1769 年 10 月 26 日致书于马利尼，而侯爵的答书并未使他失望："君欲得此类图画版画一套，暂时恐难如愿，盖为国民商业利益起见，非将锓版与印画完全寄送以后，不得有一套见于欧洲，大致须尚等待两年。俟运载图版之船舶开行以后，余将使君如愿以偿。"致诚之兄于 1770 年又于 1771 年初重再申请，1771 年 2 月 6 日马利尼尚答云："此种版画将为欧洲留存几套，余乐意将已故王致诚神甫图画锓成之版画保留一份。"④ 可是到了 1772 年语调变了，马利尼又接来书，于 1772 年 12 月 7 日答称，现尚未能确知本年船舶是否将图版完全运走，并云："余不能向君秘而不言者，顷与印度公司新有接洽，除为国王与诸大臣留存若干套外，恐无余图留存

---

① 除开锓版以外，并曾决定另刻一个框子，多刻百合花于上；后来不知何故将此计划放弃。关于此点可参考孟畹《武功图》151—152 页，其中转录有 1767 年 4 月 19 日马利尼侯爵致戈善信札；此札原本藏 O'1924（2）箧中；抄本一件藏 O'1116 箧 233—238 叶（据此抄本谓此框子是"必要的"，原本实作"附带的"）。
② 参看戈尔迭《18 世纪法国之在中国》16 页。
③ 关于此点，我与戈尔迭《武功图》16 页表示之意见不同。
④ 致诚兄在此 1771 年信札中曾请马利尼转求中国皇帝，念致诚供奉内廷之劳绩，对其兄恩赐抚恤。马利尼答书以为其事可能，唯须径求印度公司直接与中国官宪接洽。

欧洲；现在颇难向君作切实表示。"致诚之兄最后在1775年7月24日作末次之申请，时安瑞来（d'Angiviller）伯爵继马利尼为建造总监，于1775年8月15日答书使之绝望。书云①：

当马利尼君使君希望获有令弟王致诚神甫图画版画之时，盖信此类版画余有若干留存欧洲，交其分配。然在Terray神甫莅职以来，情形已变，碍难为君谋取多年属望之满足。君应向总监察官或印度公司请求。顾该公司颇欲此类版画无一留存欧洲（盖中国皇帝业已将此意切嘱公司，否则恐有闭关不纳之虞），公司必答版画无存，此乃意中必有之事也。余非首先奉命办理此事之人，希君谅察。

安瑞来伯爵同时曾作一种尝试，谋向Terray神甫取得版画若干套。此种图谋我们在一种记录中见之，记录题1775年7月24日，盖记于安瑞来办公室者，对于Terray神甫颇致愤懑之意。其文云②：

1767年中国来船将中国乾隆皇帝平定某叛变的达达部落之武功图四帧运来欧洲锓版；其后未久，图十二帧继至。皇帝第一画工郎世宁神甫致书与法国雕刻长，托其选择良师，将此类图画锓为铜版，工资由广州城交由商务局长潘溪官付给。当时印度公司主管长官白尔丹以为此书只能递交马利尼君，遂将郎世宁神甫原书暨图画交下。马利尼君因是取得王命，选择技师，从事锓版；规定各人工价，并派戈善君主持一切。此类版画印

---

① 致诚兄与马利尼、安瑞来往来函件现藏国档库O'1924（2）箧第四三与第四四号；O'1911（5）箧第一七六与一七七号，O'1912（2）箧第九、第十、第十七、第三五号，O'1912（3）箧第一三八与第一四四号；O'1913（2）箧第一四八与第一六〇号。
② 国档库藏O'1913（2）第一四〇号文件。

成若干，即递呈国王核阅，马利尼君既然主办其事，当然由彼递呈。然 Terray 神甫借口印度公司归其管辖，所需经费由公司垫出，横揽递呈。马利尼君因彼为大臣，随时皆有需彼之处，未便违抗或声诉。安瑞来伯爵因前述之理由亦得主张将最后印成之版画递呈国王，不意递呈迅速，致使彼无有时间向总监察官声明应有之权利，与或可劝阻之友谊。然自信应向彼声明者，事业既在本人主持之下完成，对于所请给与若干版画一事，似乎不能拒绝，况且印度公司，至少留存少数版画由其分配。马利尼君当时对于此事亦曾尽力，于义亦应分得。为欧洲留存之版画甚少，分配固宜有节，须在若干时后，俾中国不知此国留有余本，缘其事若泄，足使潘溪官受杖。然总监察官对于赠给安瑞来君版画之用途要可安心也。

此记录上有书记某作眉注云："伯爵语余，总监察官将以中国版画数套赠之。"可是根据三星期后安瑞来伯爵答复王致诚兄信札末尾一语，好像他误会总监察官的意思了①。

他人运气是否比安瑞来伯爵较佳？我们不知道。但是有一人在当时接到一套版画；其人就是白尔丹。白尔丹在 1771 年时，曾因此致书与马利尼，我们由白尔丹书记某一条笔记，知道他到时已经获得满意了②。欧洲保存的套数，今日所知的甚少。Brunet 曾将 19 世纪拍卖的几套价格标出。今日国民图书馆藏有一套，Mazarine 图书馆藏有一套；路易十六世曾赐给 Necker 一套，装饰 Coppet 庄的墙

---

① 印度公司的特权已在 1769 年停止，1770 年已经开始清算，迄于革命时代尚未终结。Terray 神甫当时身任财政总监察官，对于此种清算具有大权。
② 参看戈尔迭《法国之在中国》59 页；《武功图》12 与 16 页。白尔丹 1771 年 5 月的信札别见国档库收藏，O'1912（2）第三五号文件。

壁①。大约二十五年前 Henry Hymans 君得着一套②。劳费君③说他藏有一套原印版画，可是未说是巴黎的印本，抑是中国的印本，也没说到附带的图说。流传的必定还有几套④。这就是 18 世纪欧洲印本剩下的几套。

除开这些套数以外，究竟寄给中国皇帝数有多少？

从郎世宁译文留传下来的 1765 年 7 月 13 日上谕，说得明白："印一百套，连同铜版寄还。"我们所见广东公行所订合同汉文原本，可以说是 7 月 13 日上谕的一种忠实的反映，对于首先寄的四图，也说得明了："版成，每版一面用坚固好纸印二百张，计共八百张，连同铜版分交两船寄回；每船应载铜版两面，每版印图一百张，计共四百张。"1766 年秒在白尔丹办公室写的记录有云："帝欲镂铜版四面，镂成后每版印图二百张寄还。"这件记录确未根据上谕之文，又未根据郎世宁附带的说明书，更未根据 1765 年的合同，因为合同仅载付银五千两，而此记录则说付银一万六千两；如此看来，每版印二百张的话，好像是本于 1766 年初广州印度公司董事会的另一通知，而此通知，现在尚未发现。

仔细一想，我以为广州公行的商人，或者与广州官宪接洽同意，故意将 7 月 13 日上谕指定的套数加增。应该想到船舶可以沉没，若是根据合同规定，纵有一船沉没，还有别一船装载印图百套，以报帝命。设若两船并到，只将多余的一百套销毁，此外别无难题了。

---

① 戈尔迭《法国之在中国》56 页。
② 参看所撰《中国美术史》之一阶段，见比国《考古研究院院刊》第五辑 1 册（1898），55—72 页。
③ 《基督教艺术之在中国》18 页。
④ E. Nowrry 书店在 1919 年卖出一部"《武功图》"（目录第一三四、第五四二号），卖价一百佛郎；虽然有目录那样的标题，我疑是赫尔茫的缩印本。

然则是否可以假定，法国有人想到7月13日的上谕内容，不遵合同的规定。仅印图画一百套，诚如赫尔茫之说。我以为不然，因为有一重要文件，不知因何原故仅有樊国梁主教同 Hymans 君引过，别无一人提及，此文表示在1770年杪，皇帝确曾核准1765年合同所订每套印二百张之文。

1769年杪，两版业已锓成；可是在当时并未将锓版印图寄往中国。戈善曾将记录一件寄给北京传教道长蒋友仁神甫；此记录已佚，近来戈尔迭刊布的蒋友仁神甫信札，曾提过两次。蒋友仁神甫在1770年11月25日信札中，曾说朝中官吏不愿干预皇帝交与广州官吏办理的事件，他所指的就是这十六张《武功图》锓版的事件。其中关系锓版之事有云①：

是盖因此处朝廷必须遵守的官箴，而使我现在对于《武功图》的营谋无效。奉到阁下信札时，同一邮递交到经广州印度公司董事会诸君转寄戈善之记录一件；董事会诸君极愿我将朝廷意旨向其说明；朝中习惯我虽知悉，但此记录径寄我手，若不即呈递，而将来件转寄广东关道，则恐《武功图》锓印事宜延缓至少一年。董事会诸君来札，与戈善君之记录，到达适合时机，盖在皇上从塞外返跸之前二日。皇上如不在此，势必无所作为。如是我首先用此两日光阴，将戈善君之卓见转为汉文。我曾奉帝命，将《皇朝舆图》一百零四叶重新翻印，雕刻铜版②。由是我负担日增，颇违我意，特受督促，不得不从事于新

---

① 《通报》1917年刊 337—340 页。
② 我在此处不言蒋友仁神甫制作地图事业。此问题我想将在一篇《中国旧耶稣会士制作地图之全部研究》中述之。

版印刷事业。我言颇违我意者，盖曾声明从来未为此项工作，除参考说明印版方法之书籍外，别无辅助，而此种书籍对于实验毫无说明，无实验则难有成功。此种图版较之良工如戈善君所刻《武功图》之精细图版，印刷固甚易易；唯纸、油、墨、拭布，以及历来所见内廷工匠所感之种种困难，不胜胪举，曾在折中陈明，以证戈善君意见之是。昨日为 11 月 24 日，我曾赴京外二十里之别宫，皇上每年泰半驻此，塞外归来，必须驻跸此处。皇上果于是晨抵此。绘《武功图》之画师四人，仅存其二①，我先与之会商，俾将来召见时，彼等有词以答，必要时或可作我助，已而于诸中官前见前此主持绘图寄送之官吏二人，乃将奏折递呈。彼等见本年无一图版寄到，而我前所言已经印就之画图，亦无一纸寄达，颇以为异。言谈久之，彼等告我，应知皇上既以《武功图》十六帧交给粤海关道寄往欧洲锓版，由是彼等不能干预其事，亦不能无关道之参与作何营谋，皇上或有特命，为彼等所未知也。粤海关道必曾向承办此事之欧洲人询问锓版情形，奏明皇上。应遵常例办理；可通知法国人急向关道接洽关于图版一切事宜，此处无人能为力也。我曾力持其事若不在京决定，送往广州办理，法国船舶不久开行，是将图版运寄事至少延迟一年。彼等答称只知尽职，不能别有所为，庶几你我得安。昨日在宫内接洽之情形如此；今日我通知驻在广州之董事会诸君，嘱其迅向委办锓版事项之关道接洽。只有其人独能决定办法，然我不信其对于每版印图千张事能与同意，脱此事延缓图版到达，同意尤不可能。现在印刷《皇朝舆图》一百〇四叶，皇上命我印刷百套，完工后将铜版贮

---

① 仅存之画师二人是艾启蒙、安德义二神甫。

藏,……

蒋友仁神甫在1773年11月16日致白尔丹信札中有云①:

> 公已知戈善君详陈印刷《武功图》种种困难情形之记录译文已在三年前进呈御览……②

根据蒋友仁神甫这些信札,我们知道戈善在他的1769年记录中陈述将来中国重印此图之困难,建议在法国印一千套。这些信札仅在1917年刊布,可是尚有其他详细而较明了的情形,见于蒋友仁神甫致 du Gad 神甫之一信札中。此信札应作于1773年杪,而在18世纪时已载入《传教信札》中(第24册,1781年下)。其关系十六图之文录下③:

> 当我印刷此类舆图(即104页《中国舆图》)之时,适接广州法国董事会诸君寄来戈善君记录一件,内言印刷《武功图》之困难,于图版精细及其他理由皆备陈焉。所以建议在法国多印,较皇帝欲印之数大为增加;然后连同所锓之版,以及欧洲纸张,着色必须之一切材料寄来,并附有说明书,详述印刷此类锓版方法。我立将此记录转为华言,携赴圆明园进呈御览,时皇上适从塞外游猎归来,驻跸于此。然诸朝官与中官等

---

① 《通报》1917年刊347页。
② 1770年10月25日信札说:此记录译文因为直接寄给蒋友仁神甫,未能递呈皇帝。据下引之文,此记录并经广东官宪奏进。唯蒋友仁神甫致白尔丹言及此第二阶段之信札,吾人未见。
③ 《文学英灵》本,第4册222—223页。此札是致 du Gad 神甫之第三札,前已言之。札上未题年月,似写于1773年杪。蒋友仁神甫后殁于1774年10月23日。

以为呈递此录与所附奏疏，于例不合，果不出我所料。彼等告我，应通知在粤诸人，径向办理此事之总督或关道接洽。只有彼等能将戈善君所陈之理由转奏。幸而董事会诸君未接我复函时，已将此录呈递；因是内阁召我与钱德明神甫翻译广州寄到之公文。旋经御批许每版印图二百张，随印随时连同图版迅速寄来；无须用欧洲寄送纸张与着色材料；并命我等将皇命转为本国语言。此御批以及吾人在内阁翻译之文，立由一差官急递，经十二日递到广州。两年后，1772年12月初间，有版七面，连同帝命印刷之套数寄来此间，皇帝见之嘉悦，命在此处将此七版重加印刷。立时召我入内，商议印刷方法。先是舆图之印刷幸有成效，然此类图版之雕刻简陋，较之良工如戈善君主持雕刻的七版之精细，诚不可同日语。则欲见成效，所用方法应与印刷舆图不同。我如是折陈印刷画图精细如《武功图》者之困难；应用何种方法，否则损毁无用；冬寒不宜动工，等待寒气稍杀，然后着手；在此等待时期之中，先行筹备新印刷机及其他必须之事物，折成即蒙呈递，奉御批着照所请办理。……

蒋友仁神甫此札应可为证。皇帝既在1770年杪命将每版印图二百张，而在1772年12月有版七面，连同帝命印刷之套数寄到北京，此七版所印画图，显然每版二百套，其后续寄图画套数应亦相同。如此看来，赫尔茫谓每版在法国仅印有一百套，立说错误。

至若帝命蒋友仁神甫在北京印刷七版新图一事，已在1773年春间举行。观友仁1773年11月12日致白尔丹信札可以知之①：

> ……去岁经吾国船舶运来之《武功图》七版，寄送到京之时，帝意甚喜，命重再印刷新图，于本年六月中巡幸塞外以前，进呈御览；此种新图固不能与在法印刷之图相提并论，然据一切欧洲人阅览之批评，谓其成效大逾所期。

顾蒋友仁神甫殁于1774年10月23日，则未见末批图画到达北京，此类图版必亦重印新图，则主持其事者非友仁矣。②

原来绘画十六幅作何归宿，今无可考。应遵乾隆上谕寄回北京。然我在胡敬所胪举《石渠宝笈》三部集子著录的画院那些绘画里面，未见留有痕迹。这十六张绘画的原本重回中国时，必定经戈善手大为修改。

五

乾隆固赏识欧洲锓刻的图版，可是他的自傲心决不承认他朝中

---

① 戈尔迭《武功图》18页；《通报》1917年刊347页。
② 戈尔迭云（《18世纪法国之在中国》56页）："此种美丽图版，屡经华人修改，所供给北京之印本，勿宁说奇异逾于美观。"这些话我不知其何所本，好像他将法国所锓的十六图与其他在中国所锓的其他诸图有所混解。钱德明神甫死后，印刷的情形，我们不大知道。据友仁1773年秒致du Gad神甫信札，应在1772年冬天筹备新印刷机，用以印刷寄到北京的铜版七面。1773年耶稣会废止；1775年11月15日始正式向北京耶稣会士宣布。数年后法国遣使会士（Lazaristes）奉命接办北京耶稣会士事业。他们在1785年4月行抵北京；其中有巴茂正（Joseph Paris）修士是时计师兼机械师（de Roc hemonteix）《钱德明传》393—394页；《通报》1916年刊598页误称其名曰Charles Paris，或者是沿袭樊国梁主教《北京志》223页之误）。晁俊秀神甫1786年11月13日致白尔丹信札云："印刷器具在汪达洪（Ventavon）神甫所；彼乐于移交若瑟（Joseph）修士。诸物保存与新到时无异。先以为字模已失，后在纸包中发现。现在仅缺印机而已。此处无人能造螺旋钉，然若瑟修士能制造之；其人多技艺必定有所成就，而能利用此类印刷器具。"（《通报》1916年刊615页）所言者大概是同一印刷机，似在1773年尚未装好。如果巴茂正修士能有成就，其后参加若干中国图画印刷，事有可能，唯其殁年未详（钧案茂正殁于1804年9月6日，葬正福寺）；我不知道继其后印刷者为何人（疑是他们的中国学徒）。可是锓版的是中国人，Miisterbery君（《中国美术史》2册370页）不应对此怀疑，我行将对于确是中国人锓的铜版微有说明。

无人能作这样工巧的事物。蒋友仁神甫1766年10月12日信札言及乾隆有云："我始知他赏识此处西洋人在他眼前监制的机器与其他对象，较之广州寄来更为精美的物品尤甚。"① 戈善拟印图画千份，而帝减为二百，理由必定在此；因为余图可在北京制作。无须戈善拟寄的纸张与着色的材料；中国可以供给。其后不久乾隆命将圆明园的西洋建筑雕刻成版，也是信任华人的技巧足以办之。

世人已知圆明园曾在1860年被西洋人焚毁。虽然Gombaz君所撰《中国皇宫》②，一书里面有一章颇饶兴趣的记载，此园同其图像之沿革，识者尚少。③ 现在只要知道康熙在1709年将此园赐给未来的皇帝雍正；多半旧建筑，成于雍正在位时。雍正死，乾隆常驻其中④。据樊国梁主教说，1737年，乾隆曾命郎世宁修士"与孙祐沈源等规画总图"⑤；后来"帝欲起造西洋房屋数所，曾命蒋友仁神甫按照郎世宁修士图案，主持建筑事宜"。

樊国梁主教所引关于1737年事的原文，今未详其处，由是我对于"规画总图"的意义不敢下断语。可是与郎世宁共事的人名，可以作我们寻究的线索。沈源是乾隆时供奉画院的一人，曾经同绘过进呈皇帝的几部画图。⑥ 孙祐或孙祜，江苏人，亦在乾隆时供奉内廷⑦。既然他们与郎世宁合作，可以想到此三画师"等"的任务大概是绘画一些代表圆明园建造全部的景致；"规画总图"疑含此义。

---

① 《通报》1917年刊314页。
② 北京1909年刊本103—158页。是编乃《北京考古学会年刊》第21册抽印之单行本。此书137页言圆明园藏书所与《图书集成》两条多误。
③ 樊国梁主教（《北京志》377—378页）与Madrolle君（《北华指南》二版31页）节述宫殿之沿革尚正确；Combaz君（110页）记载则错误充满。
④ 参看《皇朝通志》卷三二与卷三三。
⑤ 《北京志》378页。
⑥ 参看《国朝院画录》一卷6页，二卷25—27页；《历代画史汇传》上海影印本卷五。
⑦ 参看《国朝院画录》一卷5页，二卷25—27页；《历代画史汇传》卷十六，5页。前一书人名作孙祜，后一书人名作孙祐。

《皇朝通志》，尤其是《国朝院画录》对于不少画图如《热河三

十六景图》①、《康熙六旬万寿图》②、《康熙南巡图》③之类叙述很详,

---

① 《热河三十六景图》后别有说。
② 参看《皇朝通志》一一三卷9页,尤其是《国朝院画录》二卷25—26页。康熙诞生于1654年5月4日,至1713年举行六旬万寿;唯至1717年图画始成,名称《万寿图》。国民图书馆版画部(AA5 Reserve, vol. Nan tenil-Jardieu)藏有绘画一大轴,未题绘士名,所绘即是1713年庆祝万寿事;后有1717年大学士王掞跋(掞1645—1728年间人,参看《国朝耆献类征》十一卷24—37页);此画未经古朗(Dourant)戈尔迭两君目著录。康熙六旬万寿曾有《万寿盛典》一百二十卷(《四库书目》卷八二)记其事。1879年上海点石斋有石印本,不知是全书抑是图画。此石印本英国博物院藏有一部(Douglas补目150页)。我迄今未见全帙,仅见专载图画之第四一同第四二两卷,国民图书馆藏有此类两卷本三本。有两本经古朗君书目著录(2314—2316号)中有一本并见戈尔迭《中国画册目录》(《亚细亚报》1919年刊2册214—215页,版画部编Oe 10号)。可是戈尔迭误记所印图画作75面;其实在第四一卷中有图73,第四二卷中有图75,共有图148。第三本未经考订,编Oe 11号,装匣背面误题"1752年中国庆祝";背上粘有红色山羊皮圆皮,上有金塔。因为旧日编目错误,至未详版画部入藏年代;可是旧藏书主人节录有蒋友仁神甫1772年11月12日答此藏书主人信札一条,粘此书内,谓此本所绘非1751年(原误作1752年)庆祝事,乃1713年庆祝事;旧藏书主人批其后云:"所考甚是"。(参看戈尔迭说,见《亚细亚报》1909年刊2册215页)此本实为《万寿盛典》第四一、第四二两卷。此本旧主人疑是德拉图(L. F. Delatour. 1727—1807)。他与北京诸传教师常有信札往来,其书斋藏书在革命时代业已大灭,后在1808及1810年卖出(参看戈尔迭说,见《亚细亚报》1909年刊2册210页);金塔好像就是他的标识。案德拉图在1803年曾匿名刊布《华人建筑略说》,仅印36本。〔参看《中国书录》二版59行,同"德拉图书斋第一书目"巴黎Tilliard & Merigot 1808年四五月刊(国民图书馆编△13155△13130号)绪言同22页〕此书(568面)载德拉图藏有"小二开本两册,内容是木刻版画,画的是乾隆皇太后六旬万寿图"。又据"德拉图书斋汉满等文书籍第二书目"(同一刊行人1810年1月刊本;国民图书馆藏本号数同上),第三五二号著录有"精细木版画二百九十四面,详绘康熙皇帝举行皇太后六旬七旬万寿庆祝事。中有盛仪入北京之图,二册,有套装。附有若干汉文说明"。售价一百七十佛郎。虽然有皇太后字样,其实是康熙本人的六旬万寿盛典。一套两册,与今编Oe 11号之藏本相同。至若二百九十四面的数目,大概是因为其图中间折叠,误以一图作两图,又少数一面,致成此数。前此已言Viguier神甫在1770年向马利尼侯爵售卖中国书籍三册,一册文字,两册画图,计一百四十七面,说是"1752年皇太后六旬万寿图"。可是在1770年时,1751年(非1752年)的万寿图尚未刻成;蒋友仁神甫1772年11月12日信札可以为证。我以为Viguier神甫的误会同Oe 11号书旧主人的误会显然一样。图数相同,Viguier神甫作一百四十七面,同《万寿盛典》两卷的一百四十八图只差一图,也就是《德拉图书目》二百九十四面(=147×2)。好像此神甫的藏本不是Oe 11号本,因为后一本在1772年时未包含有那一册文字。此具有文字的一册疑是《万寿盛典》卷四十,然则此神甫所藏本或者就是《古朗书目编》2314—2315号之书;这不过是一种假定,因为此神甫求售之书尚有一种,今在国民图书馆中无迹可寻,否则同时入藏矣。今藏三本题作"《万寿盛典初集》",第四二卷后题"王原祁、王奕清监刻"。原祁(1642—1715)是一著名画家;由其殁年观之,万寿盛典图画雕刻应在《国朝院画录》著录的画图,同编AA5 Reserve号的绘画以前,因为此二种图是1717年的作品,可是这些作品有派别相同,因为1717年画图之一画家金永熙是王原祁的弟子,而同王原祁监刻万寿盛典图画的王奕清就是跋那张1717年绘画者王掞之子。1914年3月2日同3日Lair-Dubreuil & Andre Portier两君所售图书,其书目(47页553号)著录的"《乾隆皇帝六旬万寿图》",我想也是同一版本。但是乾隆六旬万寿图虽未撰有书图,后来编有《八旬万寿圣典》一百二十卷,英国博物院藏有一本(Douglas补目1页)。乾隆举行八旬万寿时在1790年(他生于1711年9月25日);据Douglas的记录,是编成于1792年。
③ 参看《皇朝通志》一一三卷9页;《国朝院画录》一卷7页,14页。题曰"南巡图"。别有《南巡盛典》一百二十卷(《四库书目》八二卷23—24页),是记乾隆南巡事迹的书,不可与此图相混;《南巡盛典》前有1771年御制序,1882年有石印本(国民图书馆藏伯希和收藏本,二辑539号)。尚有木刻版四十六面《乾隆南巡图》,经钱德明神甫于1765年寄回法国。(版画部藏Oe 12号;《古朗书目》5541号;戈尔迭说,《亚细亚报》1909年刊2册215—216页)此外徐扬绘有《乾隆南巡图》(参看《国朝院画录》一卷16页)。

不幸对于《圆明园图》竟无一语。

但是此类画图已经存在。现在尚在流通的有两本御制圆明园诗，是乾隆皇帝咏圆明园的诗，附有圆明园的图，并有当时文人的注解。卷首有两篇御制序文。虽无纂辑的年月，要是1750年以前。① 我有此本，然而不在手边，未能举其图数。但是此书定与英国博物院所藏的那部《四十景诗》② 大致相同。Veguier 神甫在1770年拟卖给马利尼侯爵那部有图四十面的两卷本，显然就是此编。

德拉图《华人建筑略说》（163页）节录有晁俊秀神甫1786年10月北京信札③；俊秀告诉德拉图，说圆明园有许多宫室彼此接近："君将见不只二三宫室：我现以宫室五十所的木刻版画寄呈，诸宫皆在同一处所，圆明园仅为其中之一部分。皇帝乐居此园，故于不居北京时，常幸此处建筑之宫室，世人因称围墙以内皆曰圆明园。"德拉图跋其后云："我已将此木刻版画五十张保存，皆四开大张。"可是在同书188页他又说藏有圆明园宫室二十五所的木刻版画，别有此类宫室着色绘画六张④。观此文，仅言有圆明园二十五张，可是在同书566页又说有四十八张或五十张。最后在他拍卖时的第二书目第326号书标题云："北京三十里外西洋人称为中国的 Versailles 乾隆皇帝圆明园宫苑诸图（四十七张），小二开厚纸装本。木刻。"虽然有五十，二十五，四十八或五十，四十七，种种不同的数目，我想这也是圆明园四十景的本刻版画。

国民图书馆未藏有此类圆明园四十景的印本，可是藏有两部着

---

① 此外有一石印本，题曰"御制圆明园图咏"。

② 参看 Douglas 书目270页。标题是"御制圆明园四十景诗"。Douglas 以为是雍正的诗，我的标注明明说的是乾隆。

③ 德拉图节录刊布晁俊秀神甫的这些信札。Sommervogel 耶稣会作家书录同戈尔迭的《中国书录》皆未著录。

④ 德拉图在此书（189—207页）中对于这六张绘画叙述很详，其文盖由一名 Morel 者代撰。此六画在拍卖时的第二书目中编327号。

色写本，有一第三部藏 Louvre 博物院，Thiers 收集品中。这些画图并不是木刻版画的仿本，可是所绘的也是同一景色。①

其中一本编 Oe 21 号的不足注意，这是一本四十景的纸画，甚劣，未具年月，缺绘人名②。Thiers 收集品中的那一本，亦不足道③。可是 1862 年入藏的那本画册，今编 B9 Reserve 号的，确是一本真正艺术作品④。此图昔分两编，可是下编的夹板佚失或毁坏，所有绘画今皆并入上编夹中。每编有画 20 张，皆编 2 号至 21 号，好像每编皆缺头一张。面题"唐岱、沈源合画圆明园四十景"，每编末张后题"1744 年唐岱、沈源奉敕绘"⑤ 每画一张有汪由敦 1744 年题跋一页。诸人皆甚知名。汪由敦，1692 至 1758 年间人，善书法，乾隆时官吏部尚书。沈源、唐岱二人皆在乾隆时供奉画院。前引樊国梁主教说，1737 年命与郎世宁规画圆明园总图者即有沈源。唐岱满洲人，出王原祁门，善绘山水；《石渠宝笈》各编录入他的绘画不少⑥。同一《石渠宝笈》别著录有《豳风图》⑦，郎世宁、沈源、唐岱同绘：世宁绘庐舍，唐岱绘山水，源绘人物；有张照（1691—1745 年间人）书

---

① 如果戈尔迭对于 AA6 号藏本所言不误（《亚细亚报》1909 年刊 2 册 210 页），所藏且有三本。戈尔迭题此号藏本云："夏宫之景，1862 年入藏的大画册。"此是卡片混淆而发生的误会。"1862 年入藏的大画册"，内容固是圆明园景，可不是编 AA6 号的藏本，而是当时未编号，今编 B9 Reserve 的藏本；此本即戈尔迭在同报 211 页所言之本，后此别有说。至若 AA6 号本也是预备的藏本，乃一杂图，除若干其他文件外，内容有下列的几张图画文字：a. 四个铜人针灸图，附有图说，似出钱德明神甫手；b. 一张"六王爷"的笔迹；别有一张藏 AA5. vol. Nanteuil-Tardieu；c. 两张花卉画，一张蜥蜴画；d. 一张美丽绘画，绘一母鸡与五雏，题曰"春萱五子图"，钱选绘（选为 1300 年前后的著名画家；参看《历代画史汇传》十八卷 3 页）；e. 若干无关系的版画。版画部保存的一条入藏记录，说这些图画是在 1795 年"徙居外国人白尔丹"家中没收的。世人知道白尔丹是在 1792 年毁于 Spa 的。又一方面德拉图在《华人建筑略说》（244 页）中云：白尔丹即破产，应在 1791 年前，放弃其收藏品，徙居外国。据上引那条记录，足证在 1791 年后，此旧日大臣家中尚有不少藏品。
② 《古朗书目》编 5549 号；《亚细亚报》1909 年刊 2 册 219 页戈尔迭说。
③ 编 280 号；参看 Combaz《中国皇宫》122 页。
④ 《古朗书目》编 5540 号；《亚细亚报》1909 年刊 2 册 211—212 页戈尔迭说。《中国皇宫》曾转载其绘画六张（自第 21 至第 26 图）。
⑤ 《中国皇宫》122 页误作 1754 年。
⑥ 参看《国朝院画录》一卷 3—5 页。
⑦ 关于《豳风图》者，可参考伯希和撰说《耕织图》，见关于《东亚之记录》第 1 册，1913 年版，95 页，108—109 页，120 页。

《豳风·七月》全篇①。1744年的画册，虽然郎世宁未曾加入，从所绘宫室透视方面看来，唐岱、沈源二人颇仿效郎世宁的作风。

圆明园四十景中毫无西洋建筑的痕迹，盖在1737年或1744年，此种建筑尚未存在。唯至1747年②，蒋友仁神甫始在圆明园中使用西洋水法，装置水机，不久在同一处所起造一些西洋房屋。全图虽在1860年被焚，可是墙垣全用砖砌，较之中国房屋用木架者，存留时间较长，所以其废址今尚壮严可观，必有一日乾隆欲将此类西洋建筑绘画成图；图既成，遂命仿《武功图》之例，用西洋法锓为铜版。

最好的参考资料，见于晁俊秀神甫至德拉图信札中，此札作于1786年，内容如下③：

> 三年前皇帝欲将圆明园之西洋建筑测绘成图，俾与前奉敕测绘之华式宫室图并为一编。乃召至郎世宁修士弟子二三人；皇帝亲自监督测绘，时常指正之，已而将图锓为铜版，是为华人雕刻铜版之初次尝试④。因郎世宁两弟子之尽力，我始得其一本，寄以贻君。二人中有一人测绘总图与圆明园中一切西洋建筑之方位；别一人已开始为第一图着色，然因病而未能终其事。我已将未成之草图置箧中。

德拉图书其后云：

---

① 参看《国朝院画录》2卷27页。
② 参看《传教信札》，《文学英灵》本，第4册，120页同226页。
③ 德拉图《华人建筑略说》170—172页；并参看164页；"由我所寄之大版画二十张，执事判断此类圆明园之西洋建筑必定更善。是为中国奉敕雕刻铜版之最初尝试。"
④ 晁俊秀神甫所言绘画锓版事固得其实，然前此华人已在传教师指挥下将中国地图锓为铜版，康熙、乾隆两朝皆然。

此宝贵的寄物连同前录信札在 1787 年终寄到，从北京寄出时必在 1785 年[①]。此二十张铜版画既然是华人之第一次试刻试印，就大版画搜集方面说，可为希见之物。虽有法国艺术家同版画爱好者可能摘出的种种缺点，不能不使人惊赏此勤劳坚忍的民族模仿之易。我曾将此类版画慎重保存。画纸虽经矾水浸过，然太脆薄，乃用法国薄纸裱其背，俾持画者不致将其破裂。法国得有同一图画第二印本在大臣白尔丹手中；然不幸其境遇太恶，而收藏又无条理，或未曾注意，业已散佚。

德拉图又说，在 1793 年他拘禁很长的时间以前，曾许将所收藏这些西洋建筑的版画让与，可是他将友人 Mai 君（耶稣会士 Avril 神甫）所撰此二十张版画的记述留存；曾在《建筑略说》173 至 186 页将此记述转录。

德拉图收藏的二十张版画，后不复见，白尔丹收藏的亦然[②]。复次，这类圆明园西洋建筑的铜版画，迄今尚未见有一本[③]。但是有一个很好的机运，使我们大致知其内容。1794 至 1795 年时，荷兰东印度公司派遣使臣至北京，以 Isaac Titsingh 为正使，广州商行行长范伯蓝（A. E Van Braam Houckgeest）为副使。范伯蓝时撰有《奉使行记》，并搜辑中国绘画与异物很多，而翻译《行记》的人 Moreau

---

① 晁俊秀神甫信札如确实作于 1786 年，诚如德拉图之言，焉能在 1785 年发出。

② 关于寄图一份给白尔丹事，在晁俊秀神甫信札或钱德明神甫信札中，应可发现若干参考材料。可是钱德明与白尔丹互通之信札，现在全未刊布，而晁俊秀致白尔丹的最后信札，作于 1778 年 7 月 31 日（《通报》1917 年刊 365—379 页）。

③ 我好像听见说法国驻华代办 Casenave 君曾在北京获得圆明园西洋建筑的铜版画一套，可是我未见过。戈尔迭曾使我得到圆明园西洋建筑铜版画一部原印本的线索。此本不幸不全，现藏美术学校图书馆，乃 1890 年用一百五十佛郎的代价购之于 Jametel 的继承人者。张幅很大，用皮纸印刷，纸很脆弱，诚如德拉图之说，此种版画有特别研究的价值，所以我在此处不必详说，仅言其虽具线画外表，比较范伯蓝命人摹绘的本子更为充满。

de Saint Mery[①]附注有圆明园中西洋建筑各部的图画[②]。Combaz君[③]曾指出1798年巴黎出版的行记本，最后有一附注说范伯蓝近以其收藏品奉献执政府（Directoire）而被接受。可是迄今尚未有人指出我们国家收藏品内，除开圆明园图画外，有无这个热烈赞成共和主义的荷兰人的赠品[④]。圆明园图画现藏版画部，编 Oe 18 号；仅有图十九张，每张有一汉文标题同法文译文；诸图附带有一笔录，其文如下[⑤]：

    以下图画十九张表示皇帝陛下圆明园三十六别宫之一别宫的种种景色。此居宅位置仅距北京二十五里，周围不下三百里。约在四十年前（1750年前后），由法国传教师蒋友仁神甫完全遵西洋式样起造。此种图画乃在1794年由驻在广州之荷兰国首领范伯蓝君出资，请中国画师根据诸传教师制作之绘画原本摹绘而成。本笔录与每图之对译文乃据范伯蓝君亲笔原稿之荷兰文译出。

根据这条笔录，可知范伯蓝寄赠诸图时，图画二十张仅存十九。至若这条笔录之起源，我想应位置于范伯蓝居留之美国，不在法国。其中无附寄范伯蓝荷兰文稿本的痕迹。又一方面诸图无一荷兰文字，必定是在中国制作，而不是在美国摹绘。由是可以

----

    ① 参看《中国书录》二版 2350—2351 行。
    ② 1797 至 1798 philadelphie 城刊本第 1 册卷首 21 页。范伯蓝的《行记》原稿未刊，自 1912 年以来收藏于海牙城档库〔参看 chapuis《中国时计》Neuchatel 城刊本（1919 年）47 页〕；未审是否能在其中对于那些收藏品发现若干详细记载。
    ③ 《中国皇宫》153 页。
    ④ 可是若将版画部收藏白尔丹同德拉图旧藏的中国图画仔细检查一过，或能发现若干余品，然后用 Moreau de Saint-Mery 译本绪说去考订。
    ⑤ 参看《古朗书目》第 5551 号；戈尔迭说，见《亚细亚报》1919 年刊 2 册 218—219 页；Combaz《中国皇宫》153 页。末一书转录多误。

假定范伯蓝曾在另叶上（疑是他的《行记》原稿）将他在中国听说关于图说的话记下来，又将所记译为法文，于寄图给执政府时写于各图之上。

这些中国图说的解释尚属详尽，好像是范伯蓝闻之于北京的。然不能说他就在北京摹绘诸图。这条笔录语意含混，实在应作如是解释："这些图画是由荷兰国首领范伯蓝君出资，请中国画师根据诸传教师所绘原本于1794年在广州摹绘。"

然则诸教师所绘原本是何本，Combaz君曾经看出范伯蓝的图画同德拉图转录耶稣会士Avril所撰圆明园二十图的图说完全相符[①]，其理由很简单。这都因为诸图附带的那条笔录有两重错误：诸图并不是根据"绘画"摹绘的，而是根据乾隆敕令锓刻的铜版图画仿绘的，原图同原版的制作人并不是传教师，而是从传教师学习的中国弟子。这种结论可用范伯蓝《行记》两条证明。他在1795年2月3日笔记说"前在广州商人潘溪官[②]处得圆明园景二十张以备摹绘"，后在1795年2月15日笔记说："我获有的图画（圆明园图画）很正确，盖根据诸传教师按照其同僚建筑师（蒋友仁神甫）图案所作版画摹绘的。"[③] 如此看来，原本确是版画，可是以属诸传教师的，就是范伯蓝本人。

范伯蓝在广州请人根据版画摹写的图画很精细，摹绘原本应很忠实。表面看来，几类线画，可以令人想到中国雕刻师于锓版艺术为初学，在版上务求避免堆积。这些图画因无原本版画，是可宝贵的，盖其可使吾人认识蒋友仁神甫指挥建造的西洋房屋的旧状。诸

---

① 参看Combaz《中国皇宫》153—157页。此书列举范伯蓝的十九图，并将其中三图转载，附以德拉图略说中相对的图说。

② 潘溪官前曾参加《武功图》锓版事。是为广州公行之一，不知1794年的行长是否仍是1765年的潘同文。

③ 《行记》Philadelphie城刊本第1册243页同269页。

图并标明各建筑的汉名，如养雀笼同主要建筑海晏堂之类①。诸图在此主要建筑前，绘有蒋友仁神甫制造之十二生肖，每一生肖按时喷水。今之废址尚保存此堂轮廓。

蒋友仁神甫1786年的信札，使我们知道圆明园西洋建筑的二十版画乃是中国人对于铜版阴刻的初试，而初试时在1783年②。可是乾隆敕令镂版不仅这一次。我前曾说到热河三十六景图；《石渠宝笈》著录有图两部，一出张宗苍手，一出沈映辉手。③选订三十六景的是康熙皇帝，他在1711年对于每景皆作了一首诗，乾隆在1741年和他祖父的原韵也作了三十六景诗④。可是到了1754年，乾隆又别选热河三十六景；他是喜欢作诗的人，绝不放弃这个好机会的。⑤

案版画部编Hd 90号的一部书图，而标题作"中国风景"的⑥，实在就是《热河三十六景图》。每景有一笔写图说，然而图是铜版图。虽然我现在手边无有1711年同1741年的诗以供比对，此三十六景是康熙的三十六景；取佛兰克君三十六景目录考之，不难证明吾说。英国博物院收藏一部铜版印本（Douglas书目二号）好像也是同一版本。圆明园西洋建筑的版画，既刻于1783年，此Hd 90本雕刻

---

① 这些中国名称在记述圆明园的汉文书籍中应该可以重见；我手边无此类书，未能一检。——钧案我据以翻译的是北京大学所藏的《通报》，关于圆明园这一段，不知何人附注若干条，多精到语；本条下注 voir je hia 必是说"参考《日下旧闻考》"。

② 如果据德拉ನ之说，晁俊秀的信札是作于1785年的，则可说初试在1782年。

③ 参看《皇朝通志》石印本一一三卷9页，尤应参考《国朝院画录》二卷9—10页，14页。张宗苍、沈映辉皆是康熙时人；前一人供奉画院，绘画甚多。此图题"避暑山庄三十六景图"，案避暑山庄就是热河行宫的康熙帝赐名。

④ 上海大同书局有石印本，题曰"御制避暑山庄图咏"，内有三十六景图，1711年康熙帝诗，1741年乾隆帝诗，同诸臣的注解；我有此书，不在手边；我从未见过原刻本。佛兰克（Franke）君曾获有一部1741年的原刻本，题曰"御制避暑山庄诗"（参看佛兰克《热河区志》61页）。剑桥大学图书馆藏有一部康熙诗，附有满文译文，并有一部1741年刻本；参看翟理斯（Giles）的《威妥玛（Wade）搜藏品目录》86，又《补目》21页。德拉图原藏后在拍卖时第二书目编351号那木刻本《热河行宫三十六景图》，显然也是一部1741年的刻本；现在不知此本的存失。

⑤ 佛兰克君曾将康熙的三十六景同乾隆的三十六景目录一一条列（《热河区志》91—97页）。

⑥ 参考戈尔迭说，见《亚细亚报》1909年刊2册262页。《古朗书目》中好像未著录。

年限应在此年以后①。此类版画线道粗重，表现雕刻的人无多经验。但是中国的雕刻家雕刻房屋风景，较之雕刻繁难的人物尚属容易着手。

复次，乾隆时代用兵于准回两部，不只一次。既然头次平定准回两部战功，赖西洋铜版画而显耀彰明，所以乾隆又命将别处的战功用同一方法锓为画图。因是隶属造办处②的中国雕刻师锓刻了不少《武功图》，以彰清朝平定大小金川③、台湾④、尼泊尔⑤、安南⑥、云

---

① 此本未著原收藏者姓名同其来源。好像是在18世纪末年从中国寄来的，若取钱德明与白尔丹的未刊信札阅之，或可发现若干参考资料。

② 我从前告诉戈尔迭的话是这样，并说有些中国雕刻版图画，现藏范氏天一阁中；可是他误记了，他以为（《武功图》18页）我告诉他 John bowring 君在《天一阁藏本》中所见的版画不是原版印本。所以石田君当然以为我的话与《天一阁书目》的著录不合；盖此十六图连同图的标题已在《天一阁书目》中，与平定大小金川十二图并列。关于造办处者，可参看 Paleologue《中国艺术》290—291页；《海尼史说》，见《东亚期刊》第7卷57页。

③ 中国人刻的这些图，以阿桂《平定两金川战图》最著名。《皇朝通志》卷一一三此图与《平定准回两部战图》并列。《天一阁书目》详列的目录计有图十二张。沈阳故宫藏有一本（参看鲁达阔夫 Rudakov 说，见 *Izv. Vostoc. Instituta* 第三卷，1901年刊29页）。据鲁达阔夫君之说，沈阳藏本有图十六张；其说若实，则天一阁不是全本（据石田君416页注，华盛顿国会图书馆亦藏有一部《大小金川战图》，共16页）。至若各图的御制诗，在中国人刻的版画中，刻在画内，同巴黎刻的版画另叶著录者不同。鲁达阔夫君引《盛京典制备考》，说《金川战图》是在乾隆五十一年（1786）寄到沈阳的。《金川战役》则在1775年。柏林人种学博物院在1910年前后收藏有几张金川战图（并参看 Munsterberg《中国美术史》2册370页），中有一张转载于 A. tafel《我的西藏旅行》第2册（1914年刊）第五十一图；这一张图与天一阁书目著录的十二张图无一相合。

④ 《台湾战图》十三叶（十二图，另一叶好像是文艺作品），沈阳故宫现藏有一部，是在乾隆五十五年（1790）寄来沈阳的；《台湾之役》则在1786年。鲁达阔夫君好像说，别有一部台湾图曾在1800至1801年间送到沈阳；我不信真有两种图版。

⑤ 《廓尔喀战图》沈阳藏有一部（廓尔喀是 Gorkha 的对音，犹言尼泊尔人 Nepalais），据鲁达阔夫君说，是在1800至1801年间送到沈阳的；战役则在1792年。不知有图若干张。罗振玉君1912年在恭王处得其一本（参看后引罗君《梦痕录》）。王杰（1725—1805年间人）《葆淳阁集》卷二有恭跋御制廓尔喀战图的跋。

⑥ 《安南国战图》六张，沈阳藏有一本，是在1790年寄到的。罗振玉君1915年在同乡某家中见过一本。鲁达阔夫好像说另一部《安南战图》于1800至1801年间送到沈阳；我恐此说是出于误会。乾隆对于六张图皆有诗，王杰有和的诗，见《葆淳阁集》卷十二。

139

南①、湖南②、同第二次平定新疆回乱③的战绩。版刻粗重，只有供参考的价值；河内、巴黎等处藏有几部。据我所知，好像无人作过全部的研究。④

六

戈善主持雕刻的原版寄往中国以后，法国所存印本甚希，前已

---

① 此图四张，在嘉庆十年（1805）作过赏赐品；据鲁达阔夫君之说如此。所镂者应是1795年之役。

② 此图十六张，亦在1805年供赏赐；亦据鲁达阔夫君说，始获知之。海尼史君亦曾言及此图，未举图数（《东亚期刊》七卷58页），并说也有关于贵州的图；不知贵州图是否在湖南图中六张中？

③ 这部第二次《西域战迹图》刻于道光（1821—1850）年间，未详有若干张；罗振玉君1912年在恭王处得其一本。他在日本撰有一部1915年回国的日记，题曰"五十日梦痕录"，中有一段颇有关系，今转录其文如下：（此录在《雪堂丛刻》第四函，下文在此录31—32页）罗君抵开封："诣同乡郭君蓉臣许，蓉出示《乾隆平安南战迹图》及《平西域战迹图》铜版二，乃近得之都中者。镂刻精细，书皆凹入，与日本所刻铜版同。战绩图人间流传至少，当时唯近侍大臣得蒙赏赐，往岁在上海徐家汇藏书楼见之。壬子（1912）春从恭邸许，得乾隆时征小金川及廓尔喀，道光间征回疆三图，平安南及西域图则向所未见也。诸战迹图版及《乾隆十三排地图》版，均藏武英殿。同治（1862—1874）初年值铜荒，工部因诸图刻，不能刷印，请以鼓铸，相臣某止之，故至今尚存，不知地图版今在何许？因忆宣统初元（1910）内阁大库书籍奏归学部时，予曾在内阁阅览。见地图盈两架，欲取阅，某舍人言此旧地图无所用，待摧烧者。予骇甚，属姑徐之，亟言于部，舆以归，后以献之京师图书馆。又于大库庭中，见题本堆积满地，亦奏明焚毁者。予随手拾取，得阿文成公言兵事奏，再阅他本亦然，依年月类次，颇井井，皆重史稿也。亦亟告部中载以数十车，权置国子监，今亦不知所在。此二者虽经予言，得暂免劫灰，然终亦且沈薶散失而已，念之滋痛。"此文有关系的不只一点，首先表示中国保存档卷之可痛的状况。复次对于乾隆《十三排地图》给与若干可宝贵的参考资料；我想不久利用 Baddeley & Herrmann 两君的撰述，将此图同耶稣会士所绘其他地图作一种合并的说明。关于战迹图版者，罗君好像将徐家汇藏图同乾隆《西域战迹图》分而为二；此处疑有若干误解。又一方面罗君好像不大区别中国镂的铜版同法国镂的铜版；世人可以疑惑他并未见过法国制的图版；因为我记得在徐家汇所见的，好像就是赫尔茫的缩印图；可是我的记忆许不对，因为戈尔迭说（《18世纪法国之在中国》56页），徐家汇耶稣会士食堂中有些原刻版画，最后他说1862年时北京已无人印刷画图的铜版了。海尼史君（《东亚期刊》57页）以为 Paleologue 君（《中国艺术》293—294页）曾说过广东的画师 Lan-koua 曾在1830年左右重新单独使用18世纪输入中国的镂版方法，此说错误，Paleologue 书中并无此语。他仅说到 Lan-koua 的绘画，并未说到雕刻。至若关于 Lan-koua 的主要来源，G. T. Downint, *The Fan Qui in China in 1836—1837.*（伦敦1838年本第2册90—114页），亦未说到镂版问题（并参考1844年《东方杂志》所译 Downint 此章之文，1849年6月某艺术家的笔录，1839年《法兰西杂志》272—285页 Delecluze 的论文《欧洲画师之在中国》44页以后 Feuillei de Conches 的注解）。

④ 除开以上所言的各图外，乾隆时代或者有一部乌什战图的铜版。平定新疆之役在1759年竣事。可是在1765年乌什吐鲁番的回人复叛，数月始平。张廷彦曾绘有此役战图。1768年乾隆对于此图有御制诗，此外贾全亦绘有图；两图皆名"平定乌什战图"（参看《国朝院画录》一卷29页；二卷7页）。《皇朝通志》（一一三卷9页）在《平定准噶尔战图》与《平定金川战图》之间，著录有一《乌什战图》。前后两图既然镂版，此图想亦如是。可是《皇朝通志》（一一三卷8页同9页）同卷并著录有17世纪初年满洲诸王的战图一百四十四张，又《清太宗战图》八册；这些图画必定未付雕刻。

说过。所以为满足醉心中国事物的公众起见，Le Bas 的一个弟子赫尔茫（Helman）锓刻了一部缩本，据戈尔迭说："在 1785 年分四期出版，每期四图。"① 赫尔茫的刻本较之原本劣甚。海尼史君②说："但是这些缩刻本的小版画，较之他本，除开不甚希少以外，尚有附带图说的功益。任何人没有特别考察这些战役之经过者，就不能了解许多绘画的事情。"他说得不错，原版是进呈中国皇帝的，图上只有图画者同锓版者的姓名，毫无解说内容的表示。赫尔茫本补足这些缺陷，孟晼、戈尔迭两君无限制接受的，就是赫尔茫这些说明，海尼史对于他转载的二图所作的注解，也是以这些说明为起点。如果赫尔茫的图说不误，岂不甚好；这是我们现在讨论的要题。

1766 年头批绘画四张寄到法国时，时人对于这些画图，发生了奇怪的误会。1766 年 12 月 17 日印度公司诸董事致马利尼侯爵信札说，此四画是"中国皇帝战胜满洲达子图"，这真是笑话，因为皇帝本身就是满洲人。距此时日不远，白尔丹办公室写的那篇记录说是"战胜不忘旧朝的叛徒之图"，也不是事实。当时有两个中国神甫，

---

① 戈尔迭《武功图》18 页。赫尔茫本无刊布的年月，不过十六图中有若干图著录有之，著录的年月，始 1783 年迄 1785 年；然则海尼史说（《东亚期刊》58 页）赫尔茫本在 1784 年出版的话错了。又一方面，赫尔茫不久又将他在 1786 年新锓四图加入十六张《武功图》缩本之内，此四图一为中国皇帝亲耕图，三为中国皇帝平常经行北京城市图。好像有一初刻目录仅志有《武功图》十六张；可是我未见此本，亦不知道戈尔迭 1785 年分四期出版，每期四图一说的来源。国民图书馆藏 Res.O2n624 本的目录是二十图的目录，应是 1786 年本，可是此目录在 1788 年又修改了。此年赫尔茫又将新图四张加入（内有一图是宫内宴会图，与宴者有传教师数人），由是图的总数成为二十四，并将新图标题加入目录之中；这四张后加的图上有 1788 年锓版字样。《中国书录》二版 641—642 行未将赫尔茫这些刊布的阶段著录，可是根据 Rouquette 书店 1891 年部书目，著录有"中国战图，根据乾隆皇帝命人锓刻的大版的缩本。1788 年巴黎 Hocquart 书店出版，大图二十四张"。国民图书馆的 Res.Ozn624 本，虽无 Hocquart 的书店名，我以为 Rouquette 书店出售的显是赫尔茫的最后版本，质言之，包括《武功图》十六张，1786 年图画四张，1788 年图画四张的版本。Henri Cohen 的《18 世纪版画书籍爱好者的指南》（第六版，巴黎 Rouquette 书店 1912 年本）对于《武功图》的记载颇多谬误，甚至画师名称亦有讹写。19 世纪末年远东对于十六图的版本至少重印一次，可是他的英文标题奇特异常，石田君文中曾转录之。1900 年时，我在 Veroudart 君处获见一重刻本，似在上海出版。1910 年我又在北京俄国使馆见一重刻本（是别本抑是小本今已记忆不清），可是在 1916 年在俄国使馆不复重见此本。

② 《东亚期刊》58 页。

一名高类思，一名杨德望者，曾居法国甚久，是时已回北京，白尔丹于1766年12月31日致书于此二神甫曰："人说此四图之后，将有绘画同一事迹的十二图继至。……就表面看来，此十六图画的是崇德王同1644年易朔以后清朝第一主顺治的战迹，或者也是现在在位皇帝平定叛徒的武功，其事欧洲毫无所知；希望君等以受自通人之学识，与同诸传教师之谈话，考证其内容见示，此余所乐闻者也。"①二神甫应有答书，盖白尔丹在1769年1月27日又致书云："前询诸图内容，承以皇帝战胜厄鲁特准噶尔之武功纪略见示，甚谢。此君主宽仁，战胜以后，待遇其敌达瓦齐反甚优渥。余愿知此厄鲁特与准噶尔国位置何处，在中国境界何方；其幅员与境界大致如何，吾辈地图对于此类远国著录向不完备，君等若以见示，以补地图之缺，此余所乐闻者也。"②此外印度公司交到说明书一件，盖据白尔丹某书记之一笔录，建议在每个画下置"一纸片，写其标题"，"如印度公司说明书之说"③。此说明书不幸已佚。此书似远在高、杨二神甫"武功纪略"之后。当时有一小册子，今亦佚而不传，标题作："战争纪略，其要事皆见中国皇帝命人在北京绘画，并在巴黎锓版之十六图，巴黎1791年刊四开本。"此书取材于高、杨二神甫之"武功纪略"，或印度公司之"说明书"，恐亦有其可能。④

　　赫尔茫所编十六图的图说，业经戈尔迭根据赫尔茫本首载的总

---

① 戈尔迭《武功图》8页。
② 同，10页。白尔丹所言之《武功纪略》尚未发现。
③ 同，12页，戈尔迭注云："印度公司实已撰有说明书，用以说明诸图之内容；惜余未能发现此书。"根据此注，好像戈尔迭在白尔丹某书记笔录以外见有著录此说明书之文；脱有此文，迄今余尚未见。
④ 此小册子在Busche装订本中附于赫尔茫本之后，卖价二十三佛郎（参看戈尔迭《中国书录》二版641行，又1178行）。我以为此小册子取材于"武功纪略"或"说明书"者，乃附条件的主张，因为钱德明于1772年曾自北京将乾隆皇帝平定厄鲁特的碑文翻译，并加注解寄给白尔丹，而此译文曾载入1776年出版的关于《中国人之记录》第1册（325—400页）；1791年小册子之撰者亦可以取材于此碑也。前属Hue de Mirome snil氏，而后在1797年卖出的十六画图本，后附有"四开本手写说明"，必是此小册子的抄本（或是高、杨二神甫"武功纪略"，抑是印度公司"说明书"的抄本？）（参看戈尔迭《中国书录》第641行）。我曾在国民图书馆各部寻求此1791年的小册子而未得。

目转录。① 我以为现在无须费数页纸张重再胪列于本文之内；仅于讨论必要时随时引举可已。② 至若赫尔茫说的起源，戈尔迭说赫尔茫曾转录自"国王居室各图下笔写之标题与说明"。我尚未发现此说的来源，同赫尔茫本分"四期出版每期四图"的来源一样。Mazarine 图书馆现藏有原图十六张，盖来自路易十六世之台球室者③，仍装旧框中；这一套图画我曾见过，然无图说；如果戈尔迭的话不错，而所言者即是这一套图，应是昔日写的图说纸片，订在框子以下的壁上，今见佚失；此事容或有之。④

赫尔茫的图说，无论是否录自王室诸图下面的说明，至少有一部分是直接或间接采取钱德明神甫之说的；供给高、杨二神甫"武功纪略"材料的或者也是他，供给印度公司"说明书"材料的，更好像是他。因为钱德明神甫的参加，曾在赫尔茫本第九图同第十图图说中表现出来，此二图说中辉特误写作 Hountches，和硕特误写作 Chonotes，这两种误写曾见钱德明所译平定厄鲁特碑的译文中⑤。而且赫尔茫第九图图说引的御制"诗"，就是此碑的本文；这一段在《关于中国人之记录》375 页。可是赫尔茫的引文有增改，好像不是直接录自记录所载之译文的。如此看来，这条引文不能从《关于中国人之记录》上溯到钱德明，应有印度公司的"说明书"

---

① 赫尔茫在各图下标的图说，同戈尔迭（《武功图》13—16 页）转录他"总目"的图说不同的地方，仅在拼音小异。至若戈尔迭转录的署名，是录自赫尔茫的绪目者，赫尔茫自称署名抄自原版；可是有若干重大错误。赫尔茫本版的署名，"戈善主持"的字样当然削去，而锓版人的姓名咸改题赫尔茫，这也是义所当然。

② 但是重编确定目录之时，我将把真实署名录出，将赫尔茫目录错误之处改正。

③ 参看戈尔迭《法国之在中国》56 页。

④ 虽然有赫尔茫的图说，同诸传教师的通讯，Abel Remusat 在《世界传记》康熙条下犯了奇特错误，他说十六图是处康熙时代在法国雕刻的，而画的是"康熙征伐噶尔丹战图"。

⑤ 此二部落名称，在《关于中国人之记录》第 1 册 374—375 页中，辉特（Khoit）写作 Hountehe，和硕特（Khochot）写作 Chonte。显是钱德明误读原文，认"辉特"作"浑持"，又以和字属上文，遂成"浑持和"的对音，"硕特"写成部落的名号，手民又误 u 作 n，结果竟无从认识了。这类错误，不能两人皆同；所以我以为赫尔茫的来源，是直接或间接本于钱德明者。

居中作过渡①。

有应注意者，18世纪时说到这些版画内容的人，皆未注意1765年7月13日上谕同广州公行初寄绘画四帧到法国所订的合同内的绘画标题。实在说，这些标题，一些门外汉当然无从索解；况且保不住合同有全份译文，又一方面白尔丹同他的左右好像皆没有看过郎世宁寄来的上谕译文，在我们则反是，这两种文件相同的指示，很可宝贵，立时表现同赫尔茫的图说不能符合。

我们现在有考订这四张先寄到的绘画之充分确定的材料，因为镂版人的承办书同戈善的信件，可使我们知道各承办镂刻的是那张绘画：勒霸（Le Bas）分得郎世宁的画，散多班（Saint-Aubin）分得安德义的画，卜烈孚（Prevost）分得艾启蒙的画，阿里迈（Aliamet）分得王致诚的画。案勒霸所镂郎世宁的画，只有两张，就是赫尔茫本的第三图同第五图。可是第三图原刻本于1771年，而第五图原刻于1769年。现在要知道的是勒霸初刻的那一张画，显然就是代表1661年寄到的郎世宁绘画之第五图。② 散多班所刻安德义画只有一张，这就是赫尔茫本第七图，而其原版在1770年镂成③。卜烈孚所刻艾启蒙画只有一张。这就是赫尔茫本第八图，而其原版在1769年镂成④。阿里迈所刻王致诚画只有一张，这就是赫尔茫本第十五图，镂成年数未详。如此看来，1766年寄到四张绘画，在赫尔茫本中相对的就是第五图、第七图、第八图、第十五图，孟畹、戈尔

---

① 高、杨二神甫的"武功纪略"，因为有这条平定厄鲁特碑或御制"诗"的引文，当然没有关系。因为白尔丹在1769年1月得到这本"武功纪略"。又据钱德明自云（《关于中国人之记录》1册336页），他在1771年才得着御制"诗"。如此看来，赫尔茫引用的，不是高、杨二神甫的"武功纪略"而是印度公司的"说明书"，或是他直接见着这篇说明书，或是他在王室看见根据此说明书编的图说。

② 勒霸又刻了一张画，此画佚画师名；可是此画（赫尔茫本第九图）刻于1770年；则此画在此处考证之列。同1771年刻成的那张图理由一样，纵然假定原画出郎世宁手亦然。况且镂版的人每识画师姓名即镂于图上；而此头次寄到的四张画，画师姓名早已为人所识。

③ 赫尔茫本第六图，原版是散多班刻于1773年者，被除开的理由，同前注对于赫尔茫本第九图所说的理由一样。

④ 卜烈孚别刻有绘画一张，这就是赫尔茫本的第十图，佚画师名，可是镂成年岁在1774年。

迭两君前此考订说亦同。①

现在就 1765 年 7 月 13 日上谕同广州公行合同，所著录的四画标题审之，立见此种标题与赫尔茫图说指定的第五、第七、第八、第十五图，毫不相合：赫尔茫的第五图画的不是阼营；第七图图说中无库尔璊的名称；第八图图说未言伊犁人民投降；第十五图图说也未提及阿尔楚尔。反之赫尔茫本第十四图的图说题作"阿尔楚尔战图"，此第十四图亦出王致诚手，可是锓版者是勒霸而不是阿里迈；加之绘画原题 1766 年②，其版晚在 1774 年始成，则不能说此版本原画在 1765 年时，已在广州加入第一批中。现在亦必定谳：赫尔茫的图说同他以某说属某画的分配是武断的。

锓版人对于 1767 年寄到的十二张画所订之承办书，著录此类绘画十一个号数。则第十二号不难补充。审查以后，这些号数没有将先寄的四张画号数加入，大概是在北京或广州或巴黎加入的，然不能与真正次第相符；所以于我们毫无用处。

若是我们仅凭西方的材料，这个问题将无从解决；幸而我们现在尚有中国文件可以考察。

莫理逊（G.E. Morrison）博士书库近来获有一本装订的原版《武功图》，每图一页附有一大小相等的一张模写的乾隆御笔诗。自从此本归属石田君所保管的那文库以后，他立将图与诗比较，这在他研究之文中占一大部分。③ 石田君未曾见到迄今未曾刊布的 1765 年 7 月 13 日上谕，亦未见着 1902 年《通报》中刊布的公行合同，他

---

① 参看戈尔迭《武功图》第 9 页。
② 赫尔茫绪言而经戈尔迭转录者（《武功图》15 页），谓此第十四图的绘画作于 1764 年；然而这是赫尔茫的错误；勒霸的原版题 1766 年。赫尔茫的错误不只一种，阿里迈原版题 1765 年者，他的第十五图作 1763 年。
③ 莫理逊文库业经岩崎男爵购入，好像从前购得陆心源很丰富藏书的，即是此君的父亲。莫理逊博士收藏的固仅西文书籍，可是收买的人加入了些东亚语文的书籍，并有些岩崎男爵业经影印的几种中日文的重要写本。

以为赫尔茫的图说大误,而次第颠倒者,十六图中竟有十五图。据石田君说。实在次第应如下方:

实在次第	赫尔茫本号数
一	八
二	六
三	七
四	十四
五	九
六	十三
七	二
八	五
九	三
十	十二
十一	十五
十二	十
十三	十一
十四	一
十五	六
十六	十六

但是石田君所定的次序并不一定正确,因为其初每图同御制诗并不相连,石田君仅根据莫理逊文库那本装订本编列次序。可是不能预先断定装订这本图画的人,所装订的御制诗,某诗必在某图之后,管保不误。这是一种应该研究的事实问题,若不详细研究这些御制诗的内容,解决这件问题,可以说不可能。

我早已知道这些汉文御制诗之存在。1901 年我曾代远东学校在左宗棠后人手里购入一本原版带御制诗的全份图画;不幸未久即遗失了。可是驻北京法国使馆的翻译生 J. Fliche 君在 1900 年从中国带回一本几尽全份的附御制诗本①；此本今属研究图书馆主任布特隆君（Marcel Bouteron）。此外同僚 Vissiere 君告诉我数年前中法实业银行在远东购得一本②。

中国文字凡十八叶，内乾隆御制序一叶，御制诗十六叶，诸大臣跋一叶。

乾隆序撰于1766年孟春月（阳历2月9日至3月10日），开始这样说："西师定功于己卯（1759），越七年丙戌（1766），战图始成。因详询军营征战形势，以及结构丹青，有需时日也。夫我将士出百死一生为国宣力，赖以有成。而使其泯灭无闻，朕岂忍为哉！是以紫光阁现勒有功臣之像③。而此则各就血战之地，绘其攻坚斫锐斩将搴旗实迹，以旌厥劳，而表厥勇。尔时披露布已有成咏者，即书之帧间；其未经点笔者，兹特补咏凡六事……"④ 今检后面十叶御制诗是按时作的；六叶御制诗并作于诸图绘成之1766年，果如序语。

跋语一部分，引伸御制序文之说。但是开始有两句话很重要："右图十有六帧，始于伊犁受降，讫于回部献俘。"后说到紫光阁画

---

① 此本图与诗各有墨写号数，自一至十六。缺第十五图（赫尔芒本第六图）与第十六图，可据石田君刊布的十六诗补足之。诸图边缘较国民图书馆版画部所藏 Oe 9 本为小，可是用西洋纸刷印，我以为这是从法国寄到中国的二百套之一套，似无可疑；或者因为御制诗用中国纸，故削图画边缘，俾与御制诗篇幅相同。

② 此本是全本，唯甚旧。图与诗皆中间折叠，装订为册，面题"御题西师战功图"。印刷稍劣，用中国纸，可见是在中国印刷的一本。图下戈善名皆削除，然其他诸名尚存。

③ 紫光阁在北京紫禁城西中海中：藩王皆在此处朝见，欧洲各公使第一次觐见亦在此阁（参看戈尔迭《中西交际史》第1册472页；第2册117—118页）。1759年战役以后，乾隆命图两类功臣图像于紫光阁，每类功臣五十人；第一类功臣勋绩显著者五十人姓名见《国朝院画录》一卷20—21页；乾隆对于第一类功臣皆亲制题赞，至若功较次之五十人则命诸儒臣拟为之；诸赞并见《西域图志》首第四卷。《国朝院画录》注诸功臣名后云，乾隆后来为平定金川功臣五十人，平定台湾功臣二十人，平定廓尔喀功臣十五人，图像作赞。有人看见紫光阁画像以外，尚有描画诸役之一切战图，王致诚修士诸信札同钱德明神甫1769年3月1日至王致诚堂弟之信札，曾表示乾隆命致诚绘画平定准部诸将图像约二百张，他于紫光阁的一百图像应曾直接或间接绘有一大部分。参看劳费《基督教艺术之在中国》17页引《人种学期刊》1903年刊第三十五卷483页 M. F. W. K. Muller 注。

④ 后文关系词藻，而无关于考证。1766年补作的六诗，《西域图志》首第三卷已转录；每诗前有诗序，木刻或石印本乾隆诗文集中已录之，可是诸图的御制诗前无此文。

像时，说1755至1759年一役中，乾隆作过二百二十余首诗，咸勒石武成殿庑①题名"跋尾者"有傅恒②、尹继善③、刘统勋④、阿里衮⑤、舒赫德⑥、于敏中⑦诸人。未题年月，然就诸人之名衔考之，不能在1768年以后。此时十六张绘画已在法国，似序跋皆撰于诸画绘成时，质言之，在1766年春天。但是此时头四张画已在运往法国途中了。

十六图所附十六叶御题的次序，可以认为不误。因为天一阁书目，莫理逊文库本，布特隆君收藏本，所著录的次序皆是一样，仅中法实业银行收藏本小异而已⑧。

今将有中国文字的十六叶次序列下：

---

① 这些诗应皆散见乾隆各种诗文集中。

② 傅恒殁于1770年，参看《翟理斯人名辞典》第584号。这是紫光阁有画像之平定准部五十功臣之首。其子福康安就是平定廓尔喀的人。

③ 石田君误"尹"作"伊"，不知是原误抑为印刷之误。尹继善是1696至1771年间人，曾在京内外任要职（参看《国朝耆献类征》卷二一○《翟理斯人名辞典》第2487号）。

④ 刘统勋1699至1773年间人，参看《翟理斯人名辞典》第1362号。统勋结衔称大学士，他在1761年任此职迄于殁时。他是大书家刘墉之父。墉1719至1804年间人；《翟理斯人名辞典》著录其生卒年皆晚一年，疑误。

⑤ 阿里衮殁于1770年；他在1764年授协办大学士，至1768年出京，故此跋中著此官衔。〔参看《翟理斯人名辞典》第1585号，翟氏谓其为额亦都之子应误，盖额亦都为1562至1621年间人（同一辞典第1589号误作1573至1662年间人）；阿里衮之父名音德；参看《国朝耆献类征》卷二七〕

⑥ 舒赫德1710至1777年间人，此处结衔是尚书。他确在1761年授此职，至1768年赴云南时止。（参看《翟理斯人名辞典》第1737号）其人在旧日传教师撰述中常见提及，就是所称的"舒大人"。（参看《通报》1917年刊311页，316页，同《关于中国人之记录》第1册397页）

⑦ 于敏中殁于1779年（质言之，殁于1780年初），参看《关于东亚之记录》第1册1913年本75次页，钱德明曾将潘廷璋画的一张像寄给白尔丹，定是此人的肖像；白尔丹在1781年11月16日收到（参看戈尔迭《18世纪法国之在中国》83页，又《潘廷璋传》9页），钱德明在1780年9月26日撰有《于敏中传》，载入《关于中国人之记录》第9册45—60页；据此传（51页）如敏中1795年尚存（△注误作1796年），按照华俗计算年岁将有八十二岁，质言之，吾人之八十一岁；然则他出生于1714年矣。

⑧ 中法实业银行藏本将十四、十五两图倒置。至若次序排列的唯一异点，则在傅恒等跋云十六图止于平定回部献俘，而我们所见诸本则止于凯宴将士；献俘图在三本中次第十四，在中法实业银行藏本中次第十五。似乎应该承认第十六图同第十五郊劳图，在当时认为这一类图外的图，这种小小差异不甚重要，不足为决定各图的障碍；此点一明，一二号数颠倒无甚关系。

（一）第一诗：《平定伊犁受降》。1755年乾隆御题。①
（二）第二诗：《格登鄂拉斫营》。1755年题。②
（三）第三诗：《鄂垒扎拉图之战》。1766年补题。③
（四）第四诗：《和洛霍澌之捷》。1758年题。④
（五）第五诗：《库陇癸之战》。1758年题。⑤
（六）第六诗：《乌什酋长献城降》。1758年题。⑥
（七）第七诗：《黑水围解》。1759年题。⑦
（八）第八诗：《呼尔璊大捷》。1759年题。⑧

---

① 此诗咏1755年一次受降事，时阿睦尔撒纳（Amur Sana）已内附，其后不久阿睦尔撒纳叛去。本文对于汉文译名所还原之突厥语与蒙古语的写法几尽可靠；其有疑而难决者，我将在注中说明某名采用之理由。石田君所指示之许多，写法应据本表——改正。海尼史君在1918年研究1755年伊犁战役一文中，曾据满文译写方法将诸名还原，满文译写常较汉文译写为可靠；可是其价值不是绝对的，因为有些名称，这些满文译写，不是本于突厥语或蒙古语的本来写法，而是本于汉文译名的。比方《外藩王公传记》中译名，就有此类情形，海尼史君从满文写Kachgar作Kasigar（71页），Barkol（或者应作Barskol）作Barikol（68页），皆不可靠。赫尔茫图中之Yerechim，使海尼史君疑而难决者（59页），就是叶尔羌（Yarkend）；此外64页误曾纪泽作曾国藩，65页以朱熹撰有涉及明代事迹的书，皆应改正。

② 格登鄂拉（Godan-Ha）或格登山，在伊犁城（Kolduja）西南百里，可参看《蒙古游牧记》卷十三；《西域图志》卷二二。所言者就是投降中国的喀尔木人（Kalmouk）阿玉锡（Ayusi）在1755年率二十余骑击破格登山上达尔齐（Davaci）营帐事。乾隆诗已录入《西域图志》二二卷8—9页。郎世宁曾绘有《阿玉锡持矛荡寇图》三卷（参看《国朝院画录》卷一，15页）。

③ 据《西域同文志》卷十三，鄂垒扎拉图还原作Oroijalatu 1756年兆惠夜袭达什策零（Dasi-Ca-ran）于此地，后被准部所围，援至围解；遂还巴里坤（Barkol）。参看《西域图志》首第三卷11页。

④ 和洛霍澌对音是Khorgos，今地图位在伊犁河北，中国舆志已见著录（《西域图志》十三卷1页）。唯此处所言乃另一和落霍澌，位在玛纳斯（Manas）西十里（参考《西域图志》十卷6页，转录之乾隆诗。1758年顷亲王策布登札布（Cabdan-Jab）破阿睦尔撒纳所部伏兵于此。

⑤ 库陇癸（Khurungui）山在伊犁河北。阿睦尔撒纳部败于和落霍澌后，溃渡伊犁河，中国兵追之；兆惠等乘夜分兵数处攻之，败之于此山。参看《西域图志》二二卷8页。

⑥ 关于1758年乌什吐鲁番（Us-Turfan）伯克（beg）霍集斯降附事，可并参看《西域图志》十七卷1页，同诗并转录于此。诗中言之牵羊事。满文译写霍集斯之对音作Hojis（参看《海尼史文》82页）；无论其原文作何写法，其人乃一回教徒，海尼史君（同85页）谓其为西藏人，应误。

⑦ 乾隆诗虽从蒙古语对音作Khara-usu，此役经过盖在新疆，则黑水之真正突厥语名称应是Qara su（据《西域图志》二八卷3—4页，此诗已见转录）。此水是叶尔羌河之支流，流经叶尔羌城东南。1758年阴历十月，兆惠兵少，攻叶尔羌城未下，渡黑水，结营自固，然叛徒逾河筑长围困之。1759年兆惠闻阿克苏（Akson）援兵至，败回兵于呼尔璊（Qurma），即勒乌出，进焚敌垒，围遂解。

⑧ 呼尔璊之对音是Qurman或Qurma，地处叶尔羌玛喇尔巴什（Maralbasi）之间，巴尔楚克（Barcuq此地在玛喇尔巴什，或今巴楚县治附近）西南一百三十里；参看《西域图志》十八卷7—8页，此诗亦见转录。此地名今虽不见于地图，欧洲人著作曾识其地，即是鄂本笃（Benoit de Goes）之Horna，参看Yule & Cordie《契丹纪程》二版2册228页（此页误1759年作1756年）。斯文赫定（Sven Hedin）君误以鄂本笃之Horma有误（南西藏第1册"1917"161页；所有对于鄂本笃这一部分的行程之假定，几乎全误）。1758年终，兆惠被围于黑水时，富德率兵往援，1759年2月3日次呼尔璊，遇回兵五千骑，且斗且前，终得援兵，共击溃之。

（九）第九诗：《通古思鲁克之战》。1766年题。①

（十）第十诗：《霍斯库鲁克之战》。1766年补题。②

（十一）第十一诗：《阿尔楚尔之战》。1766年补题。③

（十二）第十二诗：《伊西洱库尔淖尔之战》。1766年补题。④

（十三）第十三诗：《拔达山汗纳款》。1759年题。⑤

（十四）第十四诗：《平定回部献俘》。1760年题⑥。

（十五）第十五诗：《郊劳回部成功诸将士》。1760年题。⑦

（十六）第十六诗：《凯宴成功诸将士》。1760年题。⑧

如此看来，根据乾隆的题诗，此十六图的内容同次第，从此可以明了了；迄于现在，我们同石田君意见完全相合。一旦要确定十六图的画题，困难就开始了。赖有1765年头次寄来四张绘画著录的画师姓名，我们已经考订赫尔茫的图说是随意分配的。现在我们既知十六图的画题，此外并能确定四图的号数。现用这个标准来考究石田君编定的次序。

---

① 通古思鲁克对音是 Touguluzq，此言有猪地，然未详其所在。据《西域图志》（首第三卷11页）转载此诗之诗序，似此役在1758年秒，兆惠初拟攻取叶尔羌城时。

② 乾隆诗注释此译名作"双耳"，故拟还原作 Qosqulaq，唯不能无疑。但是《西域图志》十七卷10页写其名作和什库珠克，则其对音是 Qos-kucuk 矣。两和卓（Khoja）弃叶尔羹城出走后，1759年明瑞败之于此岭，岭在今疏勒（Kachgar）西五百里。并参看《西域图志》首第三卷12页。

③ 《西域图志》（十七卷11页）作阿喇楚勒，对音对作 Arcul，然据《西域同文志》，对音又作 Ara-col。两和卓在和什库珠克败溃后，西走三百余里，至此地又败。《关于中国人之记录》第1册393页写此名作 Altchouro，并参看《西域图志》首三卷12页。

④ 《西域图志》（十七卷12页）写此名作叶什勒库勒（Yesil-kol）。地在巴达克山（Badakhsan）之北，阿喇楚勒之西南二百里。其地因湖而得名，突厥语湖曰"库勒"（Kol），蒙古语湖曰"淖尔"（nor），则库尔淖尔并著，未免重复。赫尔茫本第十五图作 Jsil-kol Jsik-kol，海尼史君（60页）不应迳改作 Jsik-kol。这些葱岭（Pamirs）一带的古名，将来必须重再详细考订。参看《西域图志》首三卷12页。嗣后乾隆命勒铭于此地，其文见《西域图志》卷二八。

⑤ 钧案此条原无注，拔达山即前注之巴达克山。

⑥ 献俘处在北京午门；并献和卓霍集占首。先是于1755年平回疆后在此献俘，乾隆帝御制有午门受俘诗（《西域图志》首第二卷3页），徐扬绘有《平定回部献俘礼图》一卷（《国朝院画录》二卷16页）。

⑦ 据乾隆诗说，筑一圆坛，植夺自敌人之旗帜于上。

⑧ 此宴设在紫光阁。独与赫尔茫本诸图次序相合者只此一图（然赫本图说误），盖其图绘紫光阁南面，右有金鳌玉𫚉桥。

艾启蒙画的"伊犁人民投降"图，而经卜烈孚锓版者，显然就是第一诗的画题"平定伊犁受降"图。石田君根据他所研究装订本的次序，以为此第一诗题的图就是赫尔茫本第八图。这个比对正确，因为我们根据别的理由，只有这赫尔茫本第八图独能算数。

郎世宁画的"爱玉史斫营"图，锓版者是勒霸。爱玉史对音是Ayusi，还有别译的阿玉锡（Ayusi），似比较正确。前此曾经见过阿玉锡斫达瓦齐营是第二诗的画题。按照石田君的考订，与第二诗比对的图画是赫尔茫本第四图。可是赫尔茫本第四图缺画师名，乃经散多班锓版，未经勒霸雕刻；可又是1773年锓成的，而不是在1766年寄到法国的。

安德义画的"库尔璊"图而经散多班锓版者，就是第八诗的画题。石田君以为可与第八诗比对者，是赫尔茫本第五图。可是赫尔茫本第五图绘者是郎世宁，锓者是勒霸。

王致诚画的"阿尔楚尔"图，而经阿里迈锓版者，就是第十一诗的画题。石田君以为比对第十一诗的，是赫尔茫本第十五图。此本第十五图绘者确为王致诚，锓者确为阿里迈。

如上所考，石田君根据莫理逊文库本所定的次序，四号中错了两号。如此看来，次序之差违或者不及赫尔茫之甚，然而距离满足尚远。

现取布特隆君藏本，同中法实业银行藏本来审察。我已说过诗的次第是相同的，只有十四、十五两诗颠倒。可是与诗相对之图亦同样颠倒，这与诗图全部比对上并无何种关系。两本图与诗首尾皆合，只有布特隆本之第二、第三两图在中法实业银行本中颠倒。现假定此种藏本中诗图比对是对的，应在此处根据两图之画景决定之。此二景画的皆是山地营幕附近的战事。可是布特隆本第二图画的是喀尔木人与喀尔木人战，而第三图画的是喀尔木人与中国人战。顾据第二诗，我们知道其事是阿玉锡的喀尔木人攻击达瓦齐的喀尔木人，而第三诗咏的事，是兆惠攻击达什策零的喀尔木人。准是以观。布特隆本在此唯一异点中，排列之次第较之中法实业银行本为善。

审定既明，再取布特隆本（同中法实业银行本）诸图与赫尔茫本诸图比对之：

布特隆本次第	赫尔茫本次第
一	八
二	五
三	九
四	十四
五	二
六	十三
七	三
八	七
九	四
十	十
十一	十五
十二	十二
十三	十一
十四	一
十五	六
十六	十六

现在再取1765年寄来的四张绘画来认明这种比对。前此已经说过，这些绘画，无论如何，要与第一、第二、第八、第十一诗相合，而相对的图画，应是卜烈孚锓的艾启蒙画，勒霸锓的郎世宁画，散多班锓的安德义画，阿里迈锓的王致诚画。今将赫尔茫本诸图来对照，其第八图是卜烈孚锓的艾启蒙画，恰对布特隆本第一图；赫本第五图是勒霸锓的郎世宁画，恰对布本第二图；赫本第七图是散多

班锓的安德义画，恰对布本第八图；赫本第十五图是阿里迈锓的王致诚画，恰对布本第十一图。

比对已成确的，不难再引举些画景与诗之相对。如赫本第六图即是布本之第十五图，图绘皇帝乘马向值敌旗之圆坛进行，与第五诗所咏合。赫本第十三图，即是布本之第六图，图绘回人牵羊，其事亦见第六诗中。这些例子还可增加，其实是多余的。由是经赫尔茫图说①误解甚久的十六图之实在次序同真正画题，至今才得复原。我以为将这些次序与画题，连同赫尔茫本的号数，重录于下，并将以前从未确实著录的原来版画之题名刊布，似不为无益也。

《武功图》十六幅之真正次序与画题。

（一）（赫本第八图）：《平定伊犁受降》。

1765年耶稣会士艾启蒙神甫绘，"戈善主持"，1769年卜烈孚锓版。

（二）（赫本第五图）：《格登鄂拉斫营》。

1765年耶稣会士郎世宁绘，"戈善主持"，1769年勒霸锓版。

（三）（赫本第九图）：《鄂垒扎拉图之战》。

缺绘者名，"戈善主持"，1770年勒霸锓版。

（四）（赫本第十四图）：《和洛霍澌之捷》。

1766年耶稣会士王致诚绘，"戈善主持"，1774年勒霸锓版。

（五）（赫本第二图）：《库陇癸之战》。

奥斯定会士宣教部传教师安德义绘，"戈善主持"，阿里迈锓版。

（六）（赫本第十三图）：《乌什酋长献城降》。

奥斯定会士宣教部传教师安德义绘，"戈善主持"，1774年Choffard锓版。

---

① 赫尔茫这些图说有时可以惑人。譬如此本第二图的图说，谓是1755年班第乘雾袭敌图；而此图地面固见有雾也。海尼史（《东亚期刊》61页）遂根据此说来确定画景中之一切元素。其实与班第毫不相干；此图实在画的是1756年库陇癸之战，赫尔茫的图说，乃是见景生意的。

（七）（赫本第三图）：《黑水围解》。

1765年耶稣会士郎世宁绘，"戈善主持"，1771年勒霸锓版。

（八）（赫本第七图）：《呼尔璊大捷》。

1765年奥斯定会士宣教部传教师罗马人安德义神甫绘，"戈善主持"，1770年散多班锓版。

（九）（赫本第四图）：《通古思鲁克之战》。

缺绘者名，"戈善主持"，1773年散多班锓版。

（十）（赫本第十图）：《霍斯库鲁克之战》。

缺绘者名，"戈善主持"，1774年卜烈孚锓版。

（十一）（赫本第五图）：《阿尔楚尔之战》。

1765年耶稣会士王致诚绘，"戈善主持"，阿里迈锓版。

（十二）（赫本第十二图）：《伊西洱库尔淖尔之战》。

奥斯定会士宣教部传教师安德义神甫绘，"戈善主持"，1772年de Launay锓版。

（十三）（赫本第十一图）：《拔达山汗纳款》。

奥斯定会士宣教部传教师安德义绘，"戈善主持"，1772年Coffard锓版。

（十四）（赫本第一图）：《平定回部献俘》。

耶稣会士王致诚绘，"戈善主持"，Masquelier锓版。

（十五）（赫本第六图）：《郊劳回部成功诸将士》。

奥斯定会士宣教部传教师安德义绘，"戈善主持"，1772年F. D. Nee锓版。

（十六）（赫本第十六图）：《凯宴成功诸将士》。

缺绘者名，"戈善主持"，1770年勒霸锓版。

附录

本文印刷时，我发现关于"武功图"锓印的一件重要文件；就是刘松龄（Augustin de Hallerstein）神甫从北京致其兄 Weichard de Hallerstein 神甫一封信札的补白。刘松龄神甫，1703 至 1774 年间人，曾任钦天监监正，加入葡萄牙传教团体；所处地位就是知道消息的地位。他寄给其兄那些信札，业经卜莱（Georgcs Pray）神甫于 1781 年刊布在他的 *Imposturae* 后面作为附录。① 转载的信札并非全文。凡涉及私事的皆经卜莱神甫删去。好像刊行人对于吾人欲想参考的那件补白发生一种误解。他以为这是 1764 年 9 月 12 日北京一封信札的补白，年代似不错，因为此札说到 1763 年寄的一封信札，说是"去年"寄的。可是详审此补白之内容，只能作于 1765 年秋天②；由是应属 1765 年 10 月 27 日的信札。

此补白有关系的不止一点。首先证实 1765 年 7 月 13 日上谕译文最初决定印图的数目；原定确是一百套，不是二百套；二百套的数目仅初见于公行合同。其次证明寄送图画到法国，未在北京决定，——我因别的理由已在前此说明——而郎世宁曾希望寄到意大

---

① 此书极罕见，可参考戈尔迭《中国书录》二版 924 行。东方语言学校藏本上题 de Marr 名，并书卜莱神甫赠；则应是卜莱神甫赠给 von Marr 之本。

② 补白说头次《武功图》四张"约在两个月前"寄出，则只能说此补白写于 1765 年的秋天。补白又说郎世宁修士时年七十八岁，居京四十九年，所得结论亦同。郎世宁殁于 1766 年 7 月 16 日。按刘松龄神甫 1766 年 9 月 24 日一封北京信札说：(Pray, Imposturae LI) 同会修士郎世宁殁于本年 7 月 16 日，差几日年满七十九岁，居京五十年，如果在 1766 年 7 月 16 日，世宁差几日年满七十九岁，居京五十年，则同一刘松龄在补白中说他年七十八岁，居京四十九年，此补白显然写于 1765 年秋天，而非 1764 年 9 月 12 日，然则郎世宁的生年确在何时呢？戈尔迭（《潘廷璋传》1 页）谓郎世宁生于 1688 年 7 月 16 日；de Rochemonteis 神甫（《钱德明传》15 页）作 1688 年 7 月 19 日。若说郎世宁生卒月日皆是 7 月 16 日，未免甚奇。反之，7 月 19 日颇与松龄"差几日"之说相符。剩下的只有生年，要使殁于 1766 年 7 月 16 日的郎世宁在当时差几天年满七十九岁，则他应该出生于"1687 年"的 7 月 19 日，不应是 1688 年。如果有明白著录 1688 年的参考材料，似应主张刘松龄同居在北京的一切耶稣会士，在朝习用华俗计算年岁，质言之，生下来就算一年。这事虽怪，然而不是不可能的。或者将来有人在庆祝郎世宁七十生辰的文字中发现若干指示；我现在手边无此类文字。但是同一问题可以对于艾启蒙提出。艾启蒙的七十寿诞在 1777 年 9 月 21 日举行（参看《关于中国人之记录》第 8 册 283 页，此处中西历合得不错；戈尔迭《潘廷璋传》12 页）；可是戈尔迭（《潘廷璋传》1 页；《武功图》5 页）大概是信任《道学家传》的译本以为艾启蒙诞生于 1708 年 9 月 8 日。我现在不去解说 9 月 8 日同 9 月 21 日的月日歧异。但是关于年的方面，艾启蒙如确实生于 1708 年，而在 1777 年举行七十寿诞，必是从中国习俗计算矣。如此看来，刘松龄在 1765 同 1766 年又说郎世宁有七十八岁同七十九岁，或者用的是同一算法。

利锓印；他将上谕同所附说明书的拉丁文译文另译意大利文译文一份，足以参证刘松龄之说。最后说明锓印图画一事之起源，此说仅见于此补白。据说宫内某处壁上先有大幅战图十六帧。乾隆后见Rugendas①画的战图，乃命人将壁上大图画为小图，刻成版。这些原来较大的战图，同其画师，迄于现在，吾人只有假定可恃。好像是同功臣图像一样，也是经善绘的传教师指督画成的，我相信这就是紫光阁图像上面悬挂的战图，②甚愿有能常入紫光阁者将此阁的一切设饰明确记录。以资参证。③

---

① Rugendas 1666—1734年间人，专绘战图。

② Hyacintae Bicurin 神甫的 Opisanie Pekina 圣彼得堡1829年本35页，曾经言及这些图像，据说其上"悬有1776年各役战图"。按1776年好像是1755—1759年之误，Madrolle《北华指南》21页亦作1776年，或者是因袭此神甫书法文译本之误。

③ 我曾两游紫光阁之一部分，可未曾见有何处悬挂功臣图像和战图。

补注：最后我见着近数年来上海出版的《艺术丛编》。1917年4月号转载有郎世宁画一帧，画的是一妇携二儿游戏。同年八号转载有一帧画虎，画的题名固是宋画家包贵，刊者认识是郎世宁的手笔；现在可能言者，纵不是郎世宁本人的作品，至少可以说是内廷画院"西洋"派的作品；所可异者，画上有端方跋，说"确是宋人真迹"。